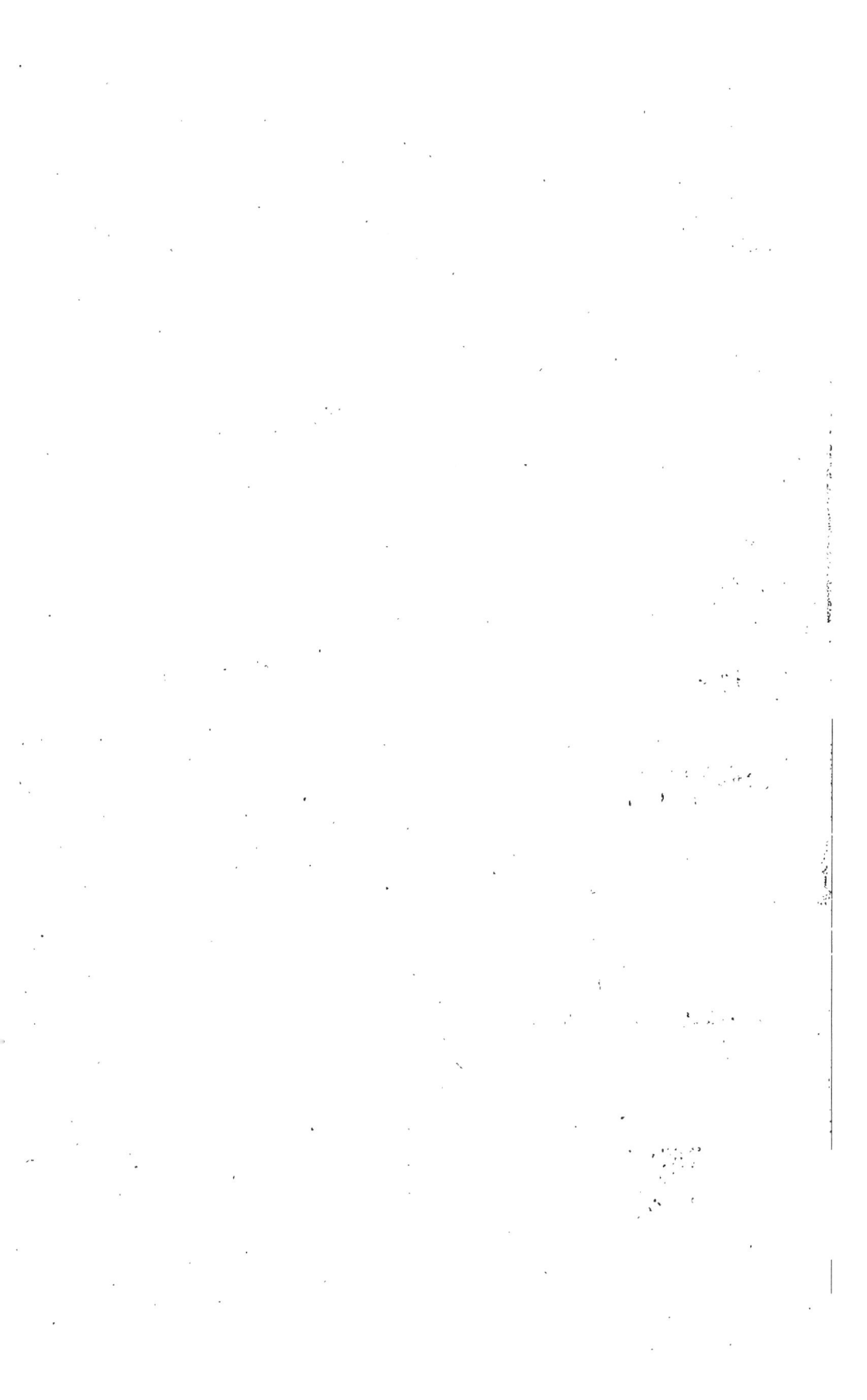

DISSERTATION
HISTORIQUE

SUR

L'ANCIENNE

CHEVALERIE

ET

LA NOBLESSE

DE LORRAINE.

À NANCY,

Chez Hæner, Imprimeur Ordinaire
du Roi & de la Société Royale.

M. DCCLXIII.

A MONSEIGNEUR,
LE PRINCE
DE BEAUVAU,

Grand d'Espagne de la premiere Claſſe, Chevalier des Ordres DU ROI *, Lieutenant-Général de ſes Armées, Capitaine de ſes Gardes, Grand - Maître de la Maiſon du Roi de Pologne, Duc de Lorraine & de Bar, &c.*

MONSEIGNEUR,

Vous dédier cette Diſſertation, c'eſt vous rappeller vos Ayeux, ces Anciens Chevaliers, qui firent l'orne-

nement du Corps illustre dont j'ai crayonné l'origine & les prérogatives; mais je ne crois pas m'imposer par-là l'obligation de célébrer votre mérite, vos talens & votre valeur, c'est une tâche réservée aux Voltaires,

Je suis avec un très-profond respect,

MONSEIGNEUR,

Votre très-humble & très-obéïssant Serviteur,

DE BERMANN,

Avocat à la Cour Souveraine de Lorraine & Barrois.

DISSERTATION
HISTORIQUE
SUR
L'ANCIENNE
CHEVALERIE
ET
LA NOBLESSE
DE LORRAINE.

OS Annalistes nous transmettent peu de grands événemens aufquels l'Ancienne Chevalerie n'ait eu part ; ce Corps illuftre par l'antiquité de fon Origine , par l'étenduë de ſes droits, fut l'Ornement de la Cour de nos Princes & le plus ferme appui de leur Trône : Juge & Deffenſeur de la Patrie, il joignit à la ſcience Militaire la connoiſſance des Loix ; du Tribunal de la Juſtice il paſſoit à la tête des armées.

Quoi qu'il ne ſubſiſte plus aujourd'hui tel qu'il fut autrefois, ſon Hiſtoire ne ſera jamais chez nous une Hiſtoire de pure curioſité ; elle nous retrace d'anciennes mœurs que les tems n'ont pas encore entiérement changées ; nous y voyons la naiſſance & les progrès de notre juriſprudence, le développement des points les plus eſſentiels de notre Droit civil & de notre Droit public.

S'il importe au Juriſconſulte, à tout Citoyen, de connoître quelle eſt l'autorité, quels ſont les droits & les fonctions des Magiſtrats qui nous jugent, il lui importe de ſavoir quels étoient ceux de l'ancienne Chevalerie, puiſque l'époque de ſa décadence eft celle de l'établiffement de la Cour Souveraine, & que l'on a donné à l'une toute la Jurifdiction que l'autre exerçoit.

L'origine de l'ancienne Chevalerie, fes prérogatives font le fujet de cette Differtation; en parlant de l'Origine, nous dirons quelles preuves il falloit faire pour entrer dans la Chevalerie; en parlant des prérogatives, nous marquerons le tems où elles ont ceffé, où les anciens Chevaliers n'ont plus formé de corps feparé du refte de la Nobleffe : à l'une & à l'autre partie nous ajouterons quelques détails fur l'Origine de la Nobleffe en général, fes differentes éfpéces, fes privileges, la maniére dont on l'acquiert, les cas où on la perd. Cette matiére traitée à fond exigeroit des volumes.

ORIGINE

De l'ancienne Chevalerie de Lorraine

Origi-
de la
oblcf
en
énra l

ON a dit avant moi que le mérite & la vertu formoient des distinctions personnelles ausquelles la Noblesse devroit prétendre, plûtôt qu'à cette pompe frivole qui ne les suppose pas & qui ne les remplaça jamais (a); on a dit avant moi que les hommes étant égaux dans l'état de nature, la distinction que donne la naissance devoit être regardée comme de toutes les distinctions la plus chiméque, puisqu'appréciée à sa juste valeur, elle n'étoit tout au plus qu'un mérite d'opinion : mais on auroit dû ajouter que

(a) 56ᵉ. Lettre d'Osman.

cette prérogative frivole en elle-même, suppofa cependant du mérite dans ceux qui l'obtinrent, & que tranfmife à leurs defcendans, elle leur impofe l'heureufe néceffité, ou de fuivre les traces d'une longue fuite d'Ancêtres qui illuftrent leur Origine, ou de rougir de porter un nom dont ils ne foutiennent pas l'éclat.

Dans les Gaules dont la Lorraine à fait partie, on diftinguoit deux Ordres ; le premier comprenoit les Chevaliers, dont l'unique occupation étoit de faire la guerre ; le fecond, les Druides, dépofitaires des Loix, & Miniftres de la Religion : pour le peuple on avoit l'inhumanité de le regarder, moins comme un ordre de Citoyens, que comme une troupe d'efclaves (a).

Dès les premiers tems de la Monarchie Françoife qui s'éleva fur les ruines

(a) Jul. Caf. de bello Gal. lib. 6.

de l'Empire Romain, les Francs étoient ou Nobles, ou Libres, ou Serfs ; trois Classes que l'on distinguoit exactement, & M. l'Abbé Dubos s'est trompé, quand d'après M. Duvalois, il a prétendu (a) sur le Titre 44ᵉ. de la Loi Salique & sur le 36ᵉ. de celle des Ripuaires que l'on ne connoissoit qu'un seul ordre de Citoyens parmi les Francs dans la naissance de leur Monarchie. Les anciens Codes des Bourguignons (b) dont le Royaume étoit une partie considérable de la Monarchie Françoise, la vie de Louis le Débonnaire composée par Tegan, Historien ancien & très estimé (c), les Capitulaires de Charlemagne & de ses Successeurs prouvent clairement le contraire, & l'immortel Auteur de l'esprit

(a) Etablissement de la Monarchie Françoise, Tom 3. lib. 6. chap. 4.

(b) Loix des Bourguignons, Tit. 26. Art. 3.

(c) C. 44.

des Loix a folidement refuté ce fiftême (a).

Ainfi, foit que l'on confidére la Lorraine dans le tems où elle étoit fous la Domination des Gaulois ou des Belges , foit qu'on l'envifage dans celui où elle paffa avec les Gaules fous celle des Romains & enfuite fous celle des Rois de France & de Germanie , jufqu'au moment où des Souverains particuliers & héréditaires l'ont gouvernée avec le Titre de Ducs; on verra que dans tous ces tems il y avoit une Nobleffe diftinguée du fimple peuple : mais avoit-elle differentes efpéces , ou differens dégrès comme aujourd'hui, & quels étoient-ils ? Queftion qu'il n'eft pas facile de décider.

On croit que la Nobleffe eft differente chez nous de ce quelle étoit chez les Romains , que l'on ne connoiffoit de Nobles parmi eux que les Magiftrats, ou

Differentes efpéces de la Noblef-fe.

(a) Efprit des Loix, liv. 30. Ch. 25.

ceux qui en defcendoient (*a*) ; on croit encore qu'il faut rapporter l'Origine de la Nobleffe en Efpagne , en France & en Lorraine aux Gots qui donnerent à leurs Capitaines le Tître de Nobles pour les diftinguer du peuple. Quoiqu'il en foit , l'ufage de diftinguer les Gentilshommes des Nobles , ou d'élever quelques - uns des Nobles à la dignité de Gentilhomme n'eft pas fort ancien ; dans les Nobiliaires de Lorraine & dans les Tîtres des familles on n'en trouve pas de veftiges avant le Régne de Charles III ; C'eft fans doute le premier de nos Souverains qui l'a introduit. Jufqu'au treiziéme fiécle , les Seigneurs , les Ducs même ne prenoient que la fimple qualité de Nobles.

Sous le Régne des premiers de nos Ducs la Nobleffe Lorraine ne renfermoit

_____

(*a*) Traité de la Nobleffe par Antoine Mathieu Profeffeur de Droit à Leyde , Tom. premier.

donc que deux Claſſes differentes par la feule Origine ; les uns étoient Nobles d'extraction, les autres par Création ; les premiers defcendoient d'Ancêtres qui de tems immémorial avoient joui des prérogatives de la Nobleſſe ; les feconds, roturiers de naiſſance avoient obtenu du Prince les mêmes Priviléges.

L'ancienne Chevalerie de Lorraine eſt de la premiere Claſſe. Il eſt très difficile de fixer la véritable époque de ſon Origine, c'eſt-à-dire qu'il eſt très difficile d'indiquer précifement le tems où une partie de la Nobleſſe d'extraction a commencé à ſe feparer des autres Nobles, à former un corps tel qu'on l'a vû fubfifter dans les 13, 14, 15, 16, & 17^c. Siécle.

Le nom de Chevalier étoit en ufage chez les Romains; il l'étoit encore chez les Gaulois ou les Belges, & c'eſt des uns & des autres que les Seigneurs Lorrains ont fans doute adopté le Titre de Chevalier.

Parmi la Nobleffe Gauloife, ou Belgique, une partie formoit un corps feparé que l'on appelloit *principes regionum atque pagorum* (*a*), ces Seigneurs rendoient la Juftice dans les Villes & dans les Villages où ils s'affembloient vers le commencement ou le plein de la Lune (*b*), mais peut-on conclure de-là que la Chevalerie de Lorraine tire fon Origine de ces Seigneurs Gaulois, & que depuis eux & à leur exemple nos anciens Chevaliers ayent toujours jugé les peuples dans les Affifes qui fe tenoient de mois en mois?

D'anciens Manufcrits portent, que la Chevalerie de Lorraine eft auffi ancienne que la Maifon régnante elle-même. M, Guinet célébre Avocat Lorrain du fiécle dernier, croyoit que l'ancienne chevalerie

(*a*) *Apud eos in pace nullus eft Magiftratus , fed principes regionum atque pagorum inter fuos jus dicunt , controverfiafque minuunt.* Comment. Cæf. l. 6.

(*b*) Annales de Tacite.

jouiſſoit depuis 800 ans de la prérogative
de tenir les Aſſiſes & d'y juger ſes Concitoyens (a); Syſtême qui feroit remonter
l'Origine & des Aſſiſes & de l'ancienne
Chevalerie au moins juſques vers 900.

Dom Calmet a prétendu (b) que cette
prérogative accordée aux anciens Chevaliers avoit ſubſiſté plus de ſept ſiécles;
ce qui feroit croire que l'ancienne Chevalerie étoit déja connue avant le Dixiéme ſiécle. M Guinet & Dom Calmet
n'ont point donné de preuves de leur ſentiment; cherchons donc ailleurs l'Origine
de l'ancienne Chevalerie.

Nous avons un Teſtament ou un Codicile, (c) fait en 1312, par Thibaut II.
Duc de Lorraine. Dans ce Teſtament le

(a) Les Promenades de Champigneules, Dialogue
compoſé par M. Guinet en 1678.

(b) Hiſt. de Lor. Tom. IV. Additions & correc-
tions p. cj.

(c) Il eſt rapporté dans Vignier p. 151.

Prince ordonne que les Seigneurs, ou les Chevaliers prononceront eux-mêmes leurs Jugemens, comme ils l'ont fait jufqu'au tems du Duc fon Pere, & qu'on n'en appellera pas.

„ Ordonne que ci-après les Jugemens „ des Chevaliers foient tenus & gardés „ „ fi comme il fit jufqu'à tant mon Pere, „. & que li un, ou li dui ne puiffent „ mettre leur Jugement en la bouche du „ Duc qui fera.

Le Pere de Thibaut II. étoit Ferri III. dont le Régne à commencé en 1255 ; ce Codicile prouve donc qu'avant Ferri III, c'eft-à-dire avant 1255, il y avoit déja un corps de Nobles appellés Chevaliers qui Jugeoient Souverainement dans les Affifes, & qui avoient des Priviléges que n'avoit point le refte de la Nobleffe.

On voit en 1295, un autre exemple de l'autorité & de la puiflance de cette haute

haute Noblefle que l'on décoroit du nom
de Chevalerie. ,, Simonin de Rofieres
,, de la Maifon de Lenoncourt (a) donne
,, fa déclaration qu'il doit faire au Duc
,, Ferri III. de Lorraine fon très - cher
,, Seigneur , de tout ce qu'il pourroit
,, juftement lui demander , pardevant
,, ledit Duc, ou devant fes Affifes, ou
,, devant le Baillif de Nancy (b) &
,, ledit Simonin de Rofieres avoit quel-
,, que chofe à demander audit Duc Ferri,
,, il ne pourroit gager ni le Duc ni fes
,, gens, à moins que le Duc ou fes gens
,, ne lui refufaffent Juftice. (c)

(a) Quelques-uns le croient de la Maifon des Ligniville, mais ils fe trompent, ces Seigneurs de Rofieres formoient une branche de la Maifon de Lenoncourt; V. le Cartulaire de la Chambre des Comptes
de Bar; V. Dom Calmet, Hift. de Lorr. Tom. III.
l. xxiv. n. vij. An. 1258. p. 113. & 114.

(b) Ces Baillifs étoient des Chevaliers Seigneurs
de Nancy.

(c) Hift. de Lorr. Tom. II. Differt. fur la Noblefle
p. ix. & x.   B

En 1303, le Duc de Lorraine & le Comte de Bar, fur un different qu'ils avoient au fujet de quelques Prifonniers, fe rapporterent au Jugement de quatre Gentilshommes qui furent choifis pour arbitres de la Conteftation, & qui devoient avant de Juger prendre l'avis de vingt-fix Chevaliers que les Princes défigneroient (*a*).

Il y avoit des Chevaliers à Epinal en 1272, comme on le voit par un traité qu'ils firent cette année avec le Duc de Lorraine & avec le Comte de Bar (*b*).

En 1268, Le Duc de Lorraine ayant fait alliance avec le Fils du Comte de Luxembourg, donna pour caution de ce qu'il promettoit quarante de fes Chevaliers (*c*).

Le Duc de Lorraine qui affranchit la

(*a*) Titres de Lorraine de l'an 1272,
(*b*) *Ibid.*
(*c*) Archives de Lorraine. An. 1268.

Ville de Neuf-Château en 1256, se réserva
la garde de ses Eglises, de ses Fiefs & de
ses Chevaliers (*a*).

L'onziéme siécle nous donne encore
un exemple d'anciens Chevaliers que nos
premiers Ducs faisoient Juges des contestations qui naissoient entre leurs sujets.

Thieri Seigneur de Chaumousei, ayant
cédé en 1093 son Fief de Chaumousei, pour
y fonder une Abbaye de Chanoines Ré-
guliers de Saint Augustin (*b*), après sa
mort Joscelin son Frere inquiéta ces
Chanoines & voulut leur enlever le Fief
que Thieri leur avoit donné ; ils s'en
plaignirent à Thieri premier du nom ,
Successeur de Gerard d'Alsace, & second
Duc héréditaire de Lorraine. Le Duc
cita les parties pour subir la Sentence que
les Princes, ou les Seigneurs du Pays de-

(*a*) Hist de Lorr. Tom. III. l. xxiv. n. vj. p. 110,
& 113,

(*b* Joannes de Baïon. Chronic. Median. Monast.
cap. 87.   B 2

voient rendre : Joſcelin ne parut pas, & les Juges deciderent que le Duc de Lorraine devoit maintenir les Chanoines dans la poſſeſſion du Fief, & réprimer les véxations de Joſcelin.

Un Ecrivain de l'onziéme ſiécle (l'Abbé Séhére) nous a tranſmis ce fait dans l'hiſtoire de la Fondation de Chaumouſei dont il fut le premier Abbé, & qu'il gouvernoit encore lorſque Joſcelin fit naître cette conteſtation que terminerent les Seigneurs du Pays (a).

Voilà la premiere époque où il ſoit

(a) *Convocatis itaque dux principibus ſuis monuit eos ut judiciali ſententiâ diſcuterent .... judicaverunt ducem Theodoricum ipſum allodium eccleſiæ ſaſire debere & adverſarium noſtrum à calumniâ & injuriis quas nobis violenter inferebat, poteſtatis ſuæ objectione comprimere ... hi autem extiterunt liberi & idonei hujus ſententiæ judices, fulco, Albertus, Beraldus, Valterus, Valdricus, Theodoricus ... Cæteriſque .... apud Valdiniacum ſuper ripam madonis fluvii. Fund. Abbat. Calmos. Ord. S. Aug. ex chr. Calm.*

queſtion de l'ancienne Chevalerie, encore le Jugement rendu contre Joſcelin ne feroit-il pas d'un grand poids pour prouver l'éxiſtence de cette ancienne Chevalerie, ſi on ne voyoit quelque tems après d'autres exemples de Chevaliers diſtingués du reſte de la Nobleſſe, jouiſſant des mêmes Droits que ceux que l'Abbé Séhére appelle Princes, *principes*; Si l'on ne voyoit par le Teſtament de Thibaut II. que la prérogative de Juger Souverainement avoit été accordée à l'ancienne Chevalerie avant le Régne du Duc ſon Pere, ce qui en recule l'Origine au moins juſqu'à l'onziéme ſiécle ; ſans cela, on le répete, le Procès entre Joſcelin & les Chanoines de Chaumouſei ne démontreroit pas qu'il exiſtât alors un Corps de Chevaliers tel que celui dont nous cherchons l'Origine, parce qu'il étoit très poſſible que le Duc de Lorraine dans des affaires particulieres & importantes ap-

pellât quelques-uns de fes Seigneurs pour
lui communiquer leurs lumiéres, fans que
ces Seigneurs formaffent un Corps feparé
du refte de la Nobleffe, & fans qu'ils
euffent le droit indiftinctement de Juger
les peuples.

Avant 1092, on n'apperçoit aucune
trace d'ancienne Chevalerie ; on ne peut
donc indiquer une Origine antérieure à
cette époque.

Mais, dira-t-on, le Jugement rendu
par les Chevaliers fous Thieri premier
ne paroît pas une chofe nouvelle ; l'Hiftorien Séhére n'en parle point comme
d'une nouveauté, il eft donc probable que
cette Coûtume s'obfervoit avant Thieri
premier, fous le Régne de Gerard d'Alface, & qu'effectivement ce fut le premier Duc de Lorraine qui, comme le
difent d'anciens Manufcrits ; créa les
Affifes & forma le Corps de Chevalerie.

Il eft probable que cela n'eft pas ;

quand il s'agit d'un fait qui n'eſt point fondé, l'autorité de celui qui le nie eſt égale à l'autorité de celui qui l'allégue, ici même elle doit l'emporter.

Située entre la France & l'Allemagne, la Lorraine a été pendant pluſieurs ſiécles un objet de conteſtation entre les Souverains de l'une & de l'autre Monarchie. Depuis le tems où les Romains furent chaſſés des Gaules, juſqu'au Régne de Gerard d'Alſace, la Lorraine n'a point eu de maîtres aſſurés ; tantôt au Roi de Germanie, tantôt à celui de France, tantôt à un Gouverneur particulier nommé par l'un des deux Rois, elle n'avoit d'autres Loix, d'autre forme de gouvernement que celles de la Monarchie Françoiſe ou Germanique, mais chez les Germains & chez les Francs on ne connoiſſoit aucun Corps d'ancienne Chevalerie tel que celui de Lorraine, quoique chez eux la Nobleſſe fut très ancienne, très Puiſſante & très nombreuſe.

Charles le ſimple étoit Roi de Lorraine en 912, un Seigneur que l'Hiſtoire appelle Reinier en étoit Gouverneur en 916, il eſt le premier qui ait prit le tître de Duc, & dans l'Hiſtoire de ſon Régne, ſi c'en fut un, on ne voit pas qu'il y eut des Aſſiſes, ni qu'il en ait créés, qu'il ait choiſi un certain nombre de Seigneurs, ou de Chevaliers pour Juger Souverainement.

Après ſa mort, Charles le ſimple accorda (a) le Gouvernement de la Lorraine à ſon Fils Giſlibert qui, au mépris de la fidélité qu'il devoit au Roi ſon Bienfaiteur, ſe fit reconnoître Souverain vers 920 (b), dans tout le cours de ſon Régne nulle trace d'ancienne Chevalerie.

En 926 la Lorraine paſſa ſous la domi-

(a) Chronic. Saxon apud Mabillon. Tom. 3. annal. p. 353.

(b) Flodoard. Chronic. ad an. 920.

nation de Henry furnommé l'Oiſeleur, Roi de Germanie, qui loin de créer des Aſſiſes & un Ordre de Chevalerie pour y préſider, envoïa dans ce Païs un Seigneur particulier appellé Ebrard, pour y rendre la juſtice. (a)

Depuis Henry l'Oiſeleur juſqu'à Gerard d'Alſace, les Seigneurs particuliers qui prirent le titre de Ducs ou de Comtes de Lorraine, ne furent que de ſimples Gouverneurs amovibles, au gré des Souverains de qui ils tenoient leur dignité. Ces Gouverneurs diſpoſoient des emplois à leur gré, ils faiſoient la Guerre & la Paix quand ils le jugeoient à propos, mais on ne lit nulle part qu'ils aïent formé un nouveau Tribunal, & un nouveau Corps de Nobleſſe. Quelque autorité qu'ils affectaſſent, il n'eſt pas préſumable qu'ils aïent tenté de déranger l'ordre de la Juſtice & celui

(a) *Flodoard. Chronic. ad ann.* 926.

des Citoïens, leur unique but étoit de se faire une Couronne & de l'affermir sur leur tête, sans toucher à la forme du Gouvernement.

La Souveraineté héréditaire de Lorraine, n'a commencé qu'en 1048 ou 1049, environ soixante ans après que Hugues Capet fut monté sur le Trône de France. Si avant Gerard d'Alsace qui fut le premier Duc héréditaire, l'ancienne Chevalerie n'etoit pas encore connuë, il sera difficile d'en faire remonter l'établissement jusqu'à Gerard d'Alsace, ce Prince étoit trop mécontent des Seigneurs Lorrains, qui lui firent la Guerre pendant presque tout son régne (*a*), pour leur accorder des distinctions & des priviléges, & ce n'est vraisemblablement qu'à Thiery son Successeur déja affermi sur le Trône, que l'ancienne Chevalerie doit sa naissance & son établissement.

(*a*) V. Vignier, Wassebourg , &c.

On objectera sans doute que ce ne sont là que des conjectures ; mais comment prouver par l'Histoire qu'une chose n'existoit pas, qu'en prouvant que l'Histoire ne dit rien de son existence ?

Quelle apparence en effet que l'ancienne Chevalerie soit du neuviéme Siécle , & que pendant les deux Siécles suivans, on n'en parle pas ? que pendant deux cens ans il ne soit pas question dans l'Histoire de la Lorraine d'un corps illustre , qui devoit être à la tête du Gouvernement & de la Justice ?

On a cru assés longtems , que l'origine des Assises & de la Jurisdiction de l'ancienne Chevalerie devoit se confondre avec l'origine des Fiefs , que l'une avoit été la suite de l'autre, & que c'étoit la possession des Fiefs , qui avoit donné à chaque Seigneur national le droit de siéger aux Assises.

Ce qui sembloit confirmer cette opinion,

c'eſt que les Gentilshommes qui compo-
foient le Tribunal des Aſſiſes, étoient
divisés en Chevaliers *natifs du Duché de
Lorraine*, & en *Nobles Fiéfvés* ou *Pairs
Fiéfvés* (a) ; d'où l'on concluoit, que pour
siéger aux Aſſiſes, il falloit être Chevalier
natif du Duché de Lorraine, ou *Pair Fiéfvé,
Noble Fiéfvé.*

Ce que nous avons dit juſqu'ici ſuffit
fans doute pour détruire ce ſentiment,
& pour prouver qu'il y avoit des Fiefs en
Lorraine, peut-être plus de cinq Siécles
avant qu'il y eut un Tribunal de Chevaliers.

Nous ajouterons qu'en France & en
Allemagne, où l'on a vû des Fiefs depuis
le moment de la Conquête, on n'y a jamais
vû de Tribunal d'Aſſiſes ſemblable à
celui qui exiſtoit encore en Lorraine dans
le Siécle dernier.

Le Duché de Luxembourg avoit ſes

(a) Cout. de Lorr. tit. I. art. V.

Affises comme le Duché de Lorraine, & plusieurs Gentilshommes, tels que les La- vaulx & les d'Alamont ont passé des Affises de Luxembourg à celles de Lorraine; les Gentilshommes de Franche-Comté, ont exercé longtems une jurisdiction assés étenduë, que la Coûtume & les Usages du Païs leur attribuoient ; mais les Histo- riens de Bourgogne & de Luxembourg ne disent point, que les Fiefs aïent donné origine à cette Jurisdiction.

En Lorraine même, il y avoit certains Cantons, qui n'étoient point soumis à la Jurisdiction de la Chevalerie, quoique dans ces Cantons il y eût des Fiefs, ainsi que partout ailleurs. Aulieu des Affises & d'un Tribunal de Chevaliers, St. Mihiel avoit son Parlement, Bar son Bailliage, Commercy ses grands jours.

Dans l'origine, nul Homme libre n'é- toit exclu de la Possession des Fiefs, & dans tous les tems la simple qualité de

Noble a fuffi à quiconque vouloit être
Seigneur de Fief ; mais nous verrons
bientôt que le feul titre d'Homme libre,
ou d'Homme noble ne donnoit point l'entrée aux Affifes en Lorraine ; l'ancienne
Chevalerie étoit composée de deux cens
quatre-vingt fix Maifons (1), & dans ce nombre on en compte beaucoup qui ne poffedoient point de Fief, ainfi que l'on comptoit beaucoup de Seigneurs en Lorraine
qui poffedoient des Fiefs, & qui n'étoient
point de l'ancienne Chevalerie. Quand
les Lavaulx dans le quatorziéme Siécle
& les d'Alamont dans le quinziéme, voulurent entrer aux Affifes du Duché de
Lorraine, on ne leur demanda point s'ils
avoient des Fiefs, s'ils étoient, ou *Pairs
Fiéfvés*, ou *Nobles Fiéfvés*, on exigea
uniquement qu'ils prouvaffent l'antiquité
de leur origine, & leur defcendance de
l'ancienne Chevalerie par les Femmes.

Il ne faut pas confondre la Jurifdiction

(1). *Soû - page 160. note a.*

que chaque Seigneur exerçoit & exerce encore dans fa Seigneurie, avec celle qu'exerçoient & que n'exercent plus les anciens Chevaliers ; Les Fiefs ont pû donner naiffance à la premiere, fans la donner à la feconde, tout Seigneur a pû dans tous les tems rendre la Juftice dans les terres dépendantes de fon Fief, fans avoir par là même le droit d'aller aux Affifes, juger l'Appel que l'on y portoit des jugemens qu'il avoit rendus, ou qu'il avoit fait rendre dans fon Fief. Mais c'eft trop nous arrêter fur cet objet; l'Hiftorien doit chercher une époque d'où il puiffe partir, qu'elle foit plus ou moins récente, peu lui importe, pourvû qu'elle foit certaine.

Il fuffit donc de fçavoir que le corps de Chevalerie de Lorraine eft très-ancien, puifqu'il exiftoit avant Ferri III, & proba-blement même fur la fin du régne de Thieri, 1er. du nom, fecond Duc héréditaire de Lorraine : il joüiſſoit déja de grands Priviléges ſous Thibaut II, & ſous le Duc Ferri prédéceſſeur de Thibaut II, Priviléges confirmés par des lettres Patentes du Duc Rene I. en 1430, elles ſont conçuës en ces termes :

» René Duc de Lorraine . . . . . &
» Iſabelle ſon Epouſe, à tous ceux &c.
» Sçavoir faiſons que comme après le
» tréſpas de notre très-cher & très-amé
» Seigneur & Pere Charles Duc de
» Lorraine, il nous ait été remontré par
» la Chevalerie dudit Duchié de Lorraine,
» que au tems de notre feu dit Seigneur
» & Pere ſont été faites audit Duchié
» de Lorraine pluſieurs nouvelletés contre
» l'ancien uſage & Couſtumes dudit Du-
» chié . . . . . . Nous conſideran la
» Couſtume dudit Duchié eſtre telle
» d'ancienneté que de tous desbats &
» queſtions eſtans entre le Seigneur &
» la Chevalerie du Païz, laditte Chevalerie

» lerie ont tousjours été jugiés par leurs
» Pairs, & pour ce Nous voulons, & à
» ce Nous confentons, & avons promis
» en vraïes paroles de Princes & Prin-
» ceffes . . . . . que déz maintenan,
» pour le tems avenir toutes & quantes
» fois que Nous, ou nos hoirs, ou aïans
» caufe, ou nos Officiers ou autres de par
» nous voudront aucune chofe deman-
» der à la Chevalerie dudit Duchié de
» Lorraine, ou à aucun ou plufieurs d'eux
» particulierement, leurs hoirs ou aïans
» caufe en quelque maniere que ce foit
» ou puiffe être , nous & nofdits hoirs
» ou aïans caufe nous en devons laiffer
» juger par la Chevalerie native dudit
» Duchié de Lorraine, leurs Pairs, *felon*
» *l'Us & Couftumes anciennes dudit Du-*
» *chiez & ez lieux accouftumés,* & pareille-
» ment fe laditte Chevalerie conjointe-
» ment, plufieurs ou aucuns d'eux parti-
» culierement, leurs hoirs ou aïans caufe

C

» veulent aucune chose demander à
» nos hoirs, Successeurs & aïans cause,
» Ducs de Lorraine, nous . . . . . en
» devons laisser jugier par ladite Cheva-
» lerie . . . . . *selon l'Us & Coustumes*
» *anciennes dudit Duchiez & ez lieux*
» *accoutumés*, ... & voulons aussi
» que les rappels des jugemens dudit
» Duchiez de Lortaine soient jugés par
» laditte Chevalerie, *ainsi comme il est*
» *accoustumé de faire d'ancienneté* : & se
» nous, nos hoirs, Successeurs & aïans
» cause, Ducs de Lorraine ou aucuns de
» nos Officiers de par nous ou aucuns
» de nos Bourgeois & *hommes dépu-*
» *tés* (*a*), vouloient aucune chose deman-

(*a*) Ainsi le transcrivent Vignier, Dom Calmet & plusieurs autres, mais ils se trompent, il faut lire, non *hommes députés*, qui a cet endroit ne signifieroit rien mais *homme de poté*, qui veut dire les hommes roturiers, ceux qui sont sous la puissance d'autrui ; car *poté* en vieux langage est la même chose que *puissance*. Les Hommes roturiers sont sous la Jurisdiction du Souverain ou des Seigneurs, les Bourgeois des Villes sous celle du Souverain.

» der à aucun ou plusieurs des Hommes
» de laditte Chevalerie , ou d'aucuns
» d'eux, nous ou nos Officiers les devons
» poursuivre pardevant leur Justice où
» ils seroient demeurans, & delà en avant
» de Ressort en Ressort, *selon les Us &*
» *Coustumes anciennes du Païs*, ...
» ladite Duchiez & Païz de Lorraine
» demeurant doresnavant à toujours mais
» en tels Coustumes, libertés, franchises
» *& anciens Usages*, comme ladite Du-
» chiez & Païz de Lorraine étoit au
» vivant de feuë bonne memoire noftre
» très - cher Seigneur & grand Pere,
» Monseigneur *Jean Duc* de Lorraine,
» &Marchis, *& de ses Prédécesseurs* Ducs
» de Lorraine , dont Dieu aïe les ames . . . .
» & voulons aussi que tous ceux de la
» Chevalerie dessusdite à qui on auroit fait
» aucun tort ou grief au vivant de notre-
» dit Seigneur & Pere , soient de ce
» radressés. . . . . Donné en noftre Ville

» de Nanci le penultiéme jour de Janvier
» l'an de grace 1430.

On rapporte ces lettres Patentes, parceque plufieurs Auteurs ont paru croire que c'étoit l'établiffement des Affifes & la vraïe Origine des Priviléges de
l'ancienne Chevalerie (a); tandis que
dans ces Lettres Patentes le Prince dit
expreffément qu'il ne fait que confirmer
d'anciens ufages qui s'obfervoient fous
Jean premier, même fous fes Prédécef-
feurs, & que Charles II. avoit tenté
d'innover. Avant que d'examiner de
quelles prérogatives jouïffoient alors les
anciens Chevaliers, quelles font celles que
les Ducs leur ont accordées depuis, exa-
minons quelles preuves l'on exigeoit de

(a) Dans un ancien Manufcrit que m'a commu-
niqué M. Dordelu Avocat de la Chambre Royale
des Confultations, l'intitulé de ces lettres Patentes
eft conçu en ces termes: *établiffement & confirmation
des Priviléges de l'ancienne Chevalerie.*

celui qui vouloit entrer dans leur Corps.

✠ Le Nom de Chevalier en général est un titre, une distinction que l'on accordoit dans la Milice. Cette dignité étoit autrefois si honorable, que les Chevaliers mangeoient à la table de leur Souverain, tandis que les Fils, les Neveux & les autres Parens du Roi même n'y étoient point admis s'ils n'étoient Chevaliers.

Des preuves qu'l falloit faire pour entrer dans la Chevalerie de Lorr.

✠ La plûpart des Rois de France depuis Charlemagne jusqu'à Henri II. ont reçu & donné la Chevalerie, François premier la reçut en 1515, à la Bataille de Marignan, des mains du Chevalier Baïard (a); à la fameuse Bataille de Bulgnéville que le Comte de Vaudémont gagna contre son Neveu René I. Duc de Lorraine, les deux Princes firent quantité de Chevaliers, en les frappant avec l'Epée nuë & en leur donnant l'ac-

(a) Daniel Hist. de France Tom. 5. p. 15,

colade (*o*). René II. Duc de Lorraine qui battit le Duc de Bourgogne devant Morat, donna, avant la Bataille, l'Accolade à plusieurs Gentilshommes, pour les faire Chevaliers.

Après la Bataille d'Agnadel donnée en 1518, & dans laquelle les François battirent les Vénitiens, Louis XII. crût ne pouvoir donner de plus grand témoignage de son estime aux Gentilshommes (*b*) que le Duc Antoine avoit amenés avec lui, & qui avoient porté dans les Plaines d'Agnadel toute la valeur du Lorrain qui Combat sous les yeux de son Prince, qu'en les faisant Chevaliers de sa main (*c*). Parmi ces Gentilshommes

(*a*) Monstrelet an. 1431.

(*b*) Dom Calmet, Hist. de Lorr. Tom. V. l. xxxij. n. ix. p. 473, dit qu'ils étoient quarante, mais il a mal compté ; on voit dans les Régistres des Etats de cette année rapportés par Edmond du Boulay, qu'ils étoient quarante-trois.

(*c*) Edmond du Boulay. Champier c. 4. Chronique MS. de Lorr. le 18. Mars 1508.

Lorrains, on comptoit deux Beauveau, deux Stainville, quatre du Chatelet, un Raigecourt, deux de Ludres, un de Parroi, un d'Hauſſonville, deux de Germini, dont l'un (Ferri de Germini) fut tué dans la mélée, ainſi que George de Valfroçourt.

Le nombre de ces Chevaliers n'etoit point limité, un Chevalier pouvoit en faire un autre : Philippe Auguſte en créa cent dans un jour, Charles VII. cinq cens (a), Louis XI. cent dix-ſept (b). Pour conférer cette dignité, il falloit obſerver certaines cérémonies dont on ſe diſpenſoit cependant, quand on faiſoit des Chevaliers ſur le Champ de Bataille ; on ſe contentoit d'en obſerver deux que l'on regardoit comme eſſentielles, l'une de donner l'Accolade, l'autre de ceindre de l'Epée.

(a) Monſtrelet Hiſt. de France.
(b) Fleuri Hiſt. Eccleſ.

Il y avoit plufieurs efpéces de Chevaliers, les Bannerêts & les Bacheliers : les Bannerêts, Gentilshommes riches & puiffans, pouvoient armer un certain nombre d'autres Gentilshommes dont ils fe faifoient fuivre à la Guerre (a), & parmi ces Bannerêts, les uns titrés s'appelloient Ducs, Comtes, ou Barons, & les autres, fimplement Chevaliers Bannerêts : les Bacheliers étoient pour la plûpart des Gentilshommes fans fortune (b) qu'on appelloit fouvent *milites fecundi ordinis, milites mediæ nobilitatis.* (c)

Sous les premiers Rois de France de la troifiéme Race, les Chevaliers commen-

(a) V. Ducange dans la Differtation qu'il a faite fur ce fujet.

(b) A un Chevalier Baceler

Ki par povreté volt aller

Droit en Pulle à Robert Vifcard.

Hift. de France en Vers par Philippe Mouske.

(c) *Gefta Guillelmi* p. 207. Ducange *in gloff. verb.* Baccalaurei.

cérent à compofer une efpéce de Corps diftingué dans l'Etat & dans les Armées : on fit des Loix pour régler leur rang & leurs prérogatives, on établit une Jurif-prudence pour l'âge, les qualités & les cérémonies prefcrites ; l'âge a varié, les qualités étoient la Nobleffe & la valeur ; pour les cérémonies, elles font amplement détaillées dans quantité d'ouvrages que nous avons fur cette matiére.

Avant que d'être Chevalier, il falloit donc avoir fait preuve de Nobleffe par des titres autentiques, & de valeur par de belles actions.

Mais quel dégré de Nobleffe exigeoit-on ? Les Hiftoriens ne font pas d'accord fur ce point, & comme cette difcuffion feroit très étrangére à la queftion préfen-te, il fuffira de remarquer deux chofes ; la premiere, qu'avant l'Origine de la Che-valerie, les annobliffemens, *tels que ceux de nos jours*, n'étoient point encore en

uſage, puiſqu'en France ils n'ont commencé que ſous Philippe le Hardi, & en
Lorraine que ſous Jean I. La ſeconde
que pour être faitChevalier, il falloit être
Gentilhomme de Nom & d'Armes, &
par *Gentilhomme de Nom & d'Armes*,
l'on entendoit communément alors, un
Gentilhomme qui avoit quatre quartiers,
ou qui pouvoit prouver la Nobleſſe de
ſon Pere & de ſon Ayeul, de ſa Mere &
de ſon Ayeule (*a*).

Il eſt dit dans l'Hiſtoire de la Milice
Françoiſe (*b*), que le Parlement de Paris
rendit en 1280, ſous le Régne de Philippe le Hardi, un Arrêt par lequel il dé-
fendoit au Comte de Flandre, d'élever *un
vilain*, c'eſt-à-dire un roturier, à la dignité de Chevalier, ſans l'autorité expreſſe
du Roi; que le Comte de Nevers l'année

_____

(*a*) Ducange 10ᵉ. Diſſertation ſur l'Hiſtoire de
S. Louis.

(*b*) Liv. 3. ch. 4.

fuivante, fut condamné à une Amande
envers le Prince, pour avoir fait Chevaliers deux Freres dont la valeur n'étoit
point équivoque, mais qui n'avoient pas
du côté de leur Pere le dégré de Nobleffe
néceffaire. Le régiftre d'où l'Auteur que
l'on cite à tiré ce fait, ne dit pas quel
étoit ce dégré. Quoiqu'il en foit, la Chevalerie telle qu'on vient de la définir fe
répandit, non-feulement en France, en
Angleterre, en Italie, en Efpagne, mais
dans toute l'Europe.

La Nobleffe Lorraine ne fut pas la
derniére à adopter la Chevalerie, dès le
tems des Croifades il y avoit déja des
Chevaliers Lorrains, & les ennemis les
connoiffoient. Les Tournois & les Joutes
qui faifoient le premier amufement &
l'un des principaux exercices des Chevaliers, parce qu'ils font l'image de la
Guerre, furent en ufage en Lorraine comme dans plufieurs autres Pays. En 1434.

René I. fit faire des Tournois & des Joutes à Pont-à-Mousson par ses Chevaliers Lorrains & il y invita les étrangers. En 1517, il y eut encore à Nancy un fameux Tournois où beaucoup de Chevaliers François & Allemands se trouvérent : les tenans étoient Aloffre de Beauveau, Antoine de Stainville, Humbert de Doncourt, René de Beauveau, Claude de Fresneau & Jean de Stainville (a).

Deux ans auparavant le Duc de Lorraine qui fut Parrein du Dauphin de France, François de Valois, mena au Tournois que l'on devoit faire à Amboise pour la cérémonie du Batême, douze Gentilshommes Lorrains fort adroits qui furent servis aux Lices par le Duc de Bourbon & par le Chevalier Bayard (b), deux sur

(a) Theatre de Chevalerie Tom. I. chap. 17,

(b) Du Boulay, Vie du Duc Antoine en 1515. Hist. de Lorr. Tom. V. l. xxxiij. n. xij. p. 476.

tout s'y diftinguérent, un Ligniville &
un Défarmoifes.

L'Auteur de la Chronique de Lorraine parle d'un autre Tournois en ces
termes (*a*).

„ L'année mil quatre cent Soixante &
„ un, peu après que le Roi Louis de
„ France fut Couronné & Sacré, une
„ troupe de Chevaliers François, environ
„ cinquante bien montés & bien armés,
„ vinrent à Nancy, & étoient de la
„ Garnifon de Vaulcouleur, lofegrent
„ en la maifon de Jean Perrin, où les
„ Pieds déchaux (*b*) font à prefent, fix
„ Chevaliers de ladite compagnie jouté-
„ rent par quatre jours en la place du
„ Château de Nancey, contre fix autres
„ Chevaliers de Lorraine ; Sçavoir,
„ Monfieur de Salm, Monfieur de Cre-

(*a*) Cette Chronique eft imprimée à la fuite du
6ᵉ. Tome de l'Hift. de Lorr.

(*b*) Les Cordeliers de Nancy.

„ hanges, Colin de Harenges, Jean de
„ Savigny , Hanus Court Cowe, Jean
„ de la Plume.

„ Pour l'hore que le Duc Jean étoit au
„ Royaume de France, lefdits Seigneurs
„ Lorrains feirent esbatement , & y
„ étoient Dames & Damoifelles. Lefdits
„ Joufteurs fe donnérent de grands coups
„ & choqz ; mais enfin on louoit plus les
„ Lorrains que les François. Les Lorrains
„ furent louez pardeffus les François.

Mais cette Chevalerie étoit très differente de celle qui fait le fujet de cette
Differtation ; de celle dont nous avons
fixé l'Origine vers l'onziéme fiécle , qui
donnoit des Juges aux Affifes , &
qui jouiffoit de plufieurs prérogatives
que n'avoit pas l'autre Chevalerie.
Quelques Auteurs ont paru cependant
confondre ces deux efpéces de Chevalerie en Lorraine ; c'eft ce qui nous a enga-
gé à donner quelques détails fur la

Chevalerie en général , & sur les qualités qu'elle exigeoit , avant d'examiner quelles preuves il falloit faire pour être incorporé à l'ancienne Chevalerie de Lorraine dont le premier Privilége étoit de juger aux Assises.

Aucune déclaration de nos Ducs , aucun Acte de délibération du corps de l'ancienne Chevalerie Lorraine ne déterminent précisément le dégré de Noblesse que l'on jugeoit nécessaire pour être de cette ancienne Chevalerie.

Ce qu'il y a de certain 1°. C'est que l'ancienne Chevalerie de Lorraine dans les commencemens n'étoit composée que de quelques Maisons illustres originaires de Lorraine, celles des Lenoncourt , des du Chatelet , des Ligniville, des Haraucourt &c. (a); 2°. C'est que dans la suite

____

(a) M. Guinet prétendoit que la Maison d'Haraucóurt étoit Originaire d'Allemagne. v. son ouvrage imprimé dans le 3e. Tom. de l'Hist. de Lorraine p. ccxxviij.

des tems, on y affocia des Gentilshommes étrangers, dont les Peres avoient Epoufé des Filles de l'ancienne Chevalerie, tels que les Beauvau, les Défarmoifes, les Raigecourt, les d'Alamont, les Choifeuïl, les Baffompierre, les Cuftine, les Ludres, les Gournai, les Lavaulx, les Liebeftein, les Salm, les Linange, les Bouzey, les Treftondan, les Beaufremont, les Gerbeviller, les Montrichier, les Lutzelbourg, les Germiny, les Lœvenftein, les Clermont, les d'Anglure, les Guermange, les Défalles, les Hauffonville, les Duhautoi, les d'Ourches, les Sampigny, les Stainville, les Serocourt, les Tonnoi &c. (*a*).

Pour être incorporé à l'ancienne Chevalerie il falloit donc, ou defcendre de Mâle en Mâle d'un ancien Chevalier, tel qu'un Lenoncourt, un Ligniville, un du Chatelet &c. ou du moins avoir pour

(*a*) On fuit l'ordre d'Affociation ou de réception.

Pere

Pere un Gentilhomme , & pour Mere une Fille de l'ancienne Chevalerie. Mais quel dégrè de Nobleſſe exigeoit - on dans le Fils du Gentilhomme étranger ?

Pour être Gentilhomme de Nom & d'Armes, il a ſuffi pendant très - long-tems de pouvoir prouver la Nobleſſe de ſon Pere & de ſon Aïeul, de ſa Mere & de ſon Aïcule. Aux états de Lorraine de 1603, on permît aux Nobles du qua-triéme degré de porter le titre d'Écuïers; aux états de 1622, on accorda celui de Gentilhomme aux Nobles du même degré: enfin en 1627 on décida que pour être Gentilhomme declaré , il falloit que le Pere, l'Aïeul & le Biſaïeul, la Mere, l'Aïeule & la Biſaïeule euſſent été No-bles (a). La queſtion ſe réduit donc à ſçavoir, ſi pour être de l'ancienne Cheva-lerie il ſuffiſoit d'en deſcendre par ſa

(a) Huſſon l'Ecoſſois, Craïon de la Nobleſſe de Lorraine.

D

Mere, & d'être au quatriéme degré de
Nobleſſe du côté de ſon Pere, quoique
peut-être le Triſaïeul eut été annobli,
& qu'il fut Fils d'un roturier : quelques
auteurs l'ont prétendu, fondés probable-
ment ſur la diſpoſition du dixiéme article
du titre premier de la Coutume de Lorraine rédigée en 1594.

» Généralement le fruit ſuit la
» condition du Pere, bien *qu'entre Gentils-*
» *hommes* le fruit ſoit habilité de la
» condition de la Mere *à prendre & avoir*
» *Siége ez Aſſiſes*, ſi elle ne s'eſt meſ-
» alliée.

Voici ſans doute comme ces auteurs
raiſonnoient, d'après les termes de la Coutume : *avoir Siége ez Aſſiſes*, c'eſt être
de l'ancienne Chevalerie ; être *Gentilhom-*
me, c'eſt avoir quatre degrés de Nobleſſe,
donc celui qui eſt au quatriéme degré de
Nobleſſe paternelle, & qui par ſa Mere
deſcend des anciens Chevalieres, peut

être incorporé à l'ancienne Chevalerie.

Ce raisonnement paroit d'abord conséquent, parceque l'article de la Coutume
dit simplement, *entre Gentilshommes* ;
cependant le sentiment contraire est le
mieux fondé.

L'ancienne Chevalerie de Lotraine
dans son berçeau n'étoit composée, comme
on l'a dit, que de Maisons illustres &
originaires du Païs ; l'extinction de plusieurs de ces Maisons qui avoient formé
le premier établissement des Assises, &
le défaut de mâles dans celles qui subsi-
stoient, firent admettre aux Assises &
aggréger au corps de l'ancienne Chevalerie, les Gentilshommes des Maisons étran-
geres descendus par leur Mere de l'ancienne Chevalerie.

On appelloit les Chevaliers originaires
de Lorraine *la Chevalerie native du Duché
de Lorraine*, & les étrangers, *Nobles
Fiéfvés, pairs, pairs Fiefvés, &c.*

Cette division est clairement énoncée dans les Lettres Patentes rapportées plus haut, dans une déclaration donnée par Charles I I I. en 1596, & dans le cinquiéme article du titre premier de la Coutume de Lorraine.

Les Chevaliers originaires de Lorraine n'étoient point de simples Nobles du quatriéme degré, mais des Gentilshommes d'une origine inconnuë ; on ne peut contester ce fait, sans contester les monumens historiques les plus dignes de foi ; il faut donc conclure que l'origine des Chevaliers étrangers incorporés aux nationnaux devoit être également inconnuë, qu'il ne leur suffisoit pas d'être Gentilshommes déclarés ou d'avoir quatre degrés de Noblesse. En effet leur qualité d'étrangers les excluoit des Assises, ce n'est qu'au défaut de ceux du Duché, ce n'est que par privilége qu'ils en obtinrent l'entrée ; mais par ce privilége avoient-ils plus de droit que les Chevaliers même, aufquels ce privilége les incorporoit?

Notre Coutume a été rédigée en 1594, mais alors il n'y avoit de Gentilshommes, que ceux de l'ancienne Chevalerie, leurs pairs, & les autres Gentilshommes étrangers dont l'origine étoit inconnuë. Avant Charles III, nulle différence de prérogative & de titre en Lorraine, entre un ancien & un nouvel annobli, l'un & l'autre ne portoient, ni le titre d'Écuïer, ni celui de Gentilhomme.

Les annoblis, en quelque degré de Nobleffe qu'ils fuffent, n'ètant point Gentilshommes avant 1622, ou avant 1603, les redacteurs de la *Coutume de Lorraine*, ne pouvoient donc parler en 1594, que des Gentilshommes d'une origine inconnuë, puifqu'alors ils étoient les feuls que l'on décorat de ce titre.

Le Pere Meneftrier rapporte (*a*) un

(*a*) Traité de la Nobleffe. p. 66, 67, 68, &c.

arrêté des Affifes du 10 Juin 1615, qui confirme encore ce fentiment. Deux Gentilshommes de l'illuftre Maifon des d'Alamont, demanderent d'être aggrégés à l'ancienne Chevalerie de Lorraine, ils prouverent premiérement, que leur Mere étoit une Lenoncourt, & par-là même de l'ancienne Chevalerie ; fecondement, que leur Pere, leur Aïeul & leur Bifaïeul avoient porté le titre d'Écuïer & de Gentilhomme, qu'ils avoient contracté des alliances illuftres & poffedé de tres-belles charges ; troifiémement enfin, qu'eux mêmes avoient entrée aux Affifes du Duché de Luxembourg.

Leur mémoire examiné par les Commiffaires des Affifes, on jugea que les preuves étoient bien faites, mais qu'elles ne fuffifoient pas encore, & qu'avant que Meffieurs d'Alamont fiégeaffent avec les Chevaliers Lorrains, il falloit juftifier quel étoit Jean d'Alamont leur Trifaïeul,

& de quelle Maison étoit la Femme qu'il avoit épousée.

„ Nous commis par Meſſieurs de
„ l'Aſſiétte, pour reçevoir les preuves de
„ M. M. d'Alamont . . . . . aïant repré-
„ ſenté . . . . . leſdits Seigneurs tenans
„ leſdites Aſſiſes, ont aggrée toutes leſ-
„ dites productions, (de Meſſ. d'Ala-
„ mont) comme bien & valablement
„ faites, ſauf avant que permettre entrée
„ aux Aſſiſes auſdits Seigneurs d'Alamont
„ Fils, ils feront paroitre quel étoit le
„ Pere de Jean d'Alamont (Biſaïeul) , &
„ de quelle Maiſon étoit la Femme qu'il
„ avoit épouſée, & le juſtifieront par
„ titres, ou autrement.

En conſéquence Meſſieurs d'Alamont, prouvèrent la Nobleſſe de leur Triſaïeul & ſon alliance avec Catherine de Champi; alors on les admit aux Aſſiſes.

Cet exemple prouve donc, qu'il ne ſuffiſoit pas d'être Gentilhomme déclaré, ou d'être au quatriéme dégré de Noblesse, pour être de l'ancienne Chevalerie. Aussi aucun Gentilhomme d'origine connuë n'a-t'il Siégé aux Assises. Le Duc Henry, par sa concession de 1622, n'accorde aux Gentilshommes déclarés, ou d'origine connuë, que la prérogative *d'avoir séance & voix délibérative aux États*, & non celle d'entrer aux Assises.

On compte plus de deux cens Maisons de l'ancienne Chevalerie, & dans ce nombre, on n'en trouve aucune dont les ancêtres n'aïent été que simples Gentils-hommes déclarés, lors de leur entrée aux assises.

Pour être de l'ancienne Chevalerie de Lorraine, il ne suffisoit donc pas d'être au quatriéme degré de Noblesse ; il falloit prémierement, descendre du côté mater-nel de l'ancienne Chevalerie, seconde-ment du côté Paternel, descendre d'un Gentilhomme de Nom & d'Armes, troifiémement juftifier fa Filiation de l'un & de l'autre côté pendant quatre générations, prouver la Nobleffe du Pere, de l'Aïeul, du Bifaïeul, & du Trifaïeul, de la Mere, de l'Aïeule, de la Bifaïeule, & de la Trifaïeule, & que dans toutes ces preuves on n'apperçut point d'origine connuë ; ce que l'on exige encore, dans les quatre Chapitres de Chanoineffes qui font en Lorraine.

Deux Gentilshommes de l'ancienne Chevalerie nommés Commiffaires pat les Affifes examinoient fcrupuleufement le Memoire Généalogique & les Tîtres qui l'appuioient ; après leur rapport l'Affemblée des Affifes examinoit encore, & ne prononçoit qu'après une mure délibération.

Charles IV. exigea, que les Commiffaires des Affifes lui communiquaffent les preuves de ceux qui vouloient entrer dans l'ancienne Chevalerie, c'eft ce que prou-

ve le réfultat de l'affemblée des états
généraux convoqués à Nancy le 5. Mars
1529 (a). Le 6ᵉ. Article *des Griefs &
des remontrances* eft conçu en ces termes.

   » S. A. fut fuppliée de lever le com-
» mandement qu'elle a fait au fieur Bailli
» de Nancy d'empêcher la réception
» aux Affifes, de ceux que comme du
» pafsé ils jugeront capables par les for-
» mes y obfervées, d'y être admis.

   » Fut répondu que les Commiffaires
» de l'Affife porteront à S. A. les preu-
» ves de ceux qui prétendent l'entrée aux
» Affifes, pour icelles reconnuës être
» renvoiées aux fieurs de l'Affifes, pour
» eux paffer outre, juger & les recevoir.

   Ainfi tous les Gentilshommes qui font
en état de juftifier que leurs Ancêtres
entroient aux Affifes, juftifient par-là
même que leur Origine eft inconnuë.

(a) Preuves de l'Hift. de Lorraine, Tom. VII.
p. ccccj.

Par tout ce qui eſt dit, on voit com-
bien il y avoit de difference en Lorraine,
entre la Chevalerie en général qui n'étoit
qu'une ſimple diſtinction parmi les Mili-
taires, & l'ancienne Chevalerie qui pré-
ſidoit aux Aſſiſes ; l'Origine de celle-ci
eſt poſtérieure à l'Origine de l'autre, les
Gentils-hommes de la premiere portoient
toujours le Nom de Chevaliers, ceux de
la ſeconde, au contraire, ne le portoient preſ-
que jamais ; les Gentils-hommes de l'ancienne Chevalerie avoient des Priviléges
dont les ſimples Chevaliers ne jouiſſoient
pas : la dignité de Chevalier dans la Milice étoit perſonnelle, le Fils n'etoit point
Chevalier parceque ſon Pere l'avoit
été, & le Pere n'étoit ſouvent qu'Ecuïer,
tandis que ſon Fils étoit Chevalier ; aucontraire, parmi les Gentils-hommes de
l'ancienne Chevalerie, le Fils étoit Chevalier lorſque le Pere l'avoit été, il avoit
droit d'entrer aux Aſſiſes, dès-là même

que fon Pere avoit joui du même droit,
fi d'ailleurs ce Fils avoit l'âge & les lumiéres que l'on exigeoit, ou que l'on devoit exiger, d'un homme qui vouloit juger
fes Concitoïens.

Enfin, la derniére difference entre la
Chevalerie en général & l'ancienne Chevalerie de Lorraine, c'eft que dans celle-
ci, non-feulement il falloit être Gentilhomme de nom & d'Armes, non-feulement il falloit avoir quatre dégrès de
Noblefle du côté Paternel, & du côté
Maternel; mais il falloit encore que
l'Origine de l'illuftration de la Maifon fe
perdit dans la nuit des tems, qu'on ne
put en fixer l'époque par aucun monu-
ment public : au lieu que dans l'autre, il
fuffifoit de juftifier la Noblefle du Pere
& de l'Ayeul, de la Mere & de l'Ayeule ;
on fe relachoit même aifément fur cet
objet : les Princes créoient fouvent Chevaliers de fimples Annoblis, quelquefois

des roturiers, ce qui peut-être à entrainé
la ruine de l'Ordre, parce qu'une diftinction ceffe d'être diftinction dès qu'on la
partage avec le plus grand nombre. Un
Gentilhomme de l'ancienne Chevalerie
ne pouvoit recevoir un autre Gentilhomme dans fon corps, comme tout
Chevalier en général pouvoit faire un
Chevalier; le corps entier feul avoit ce
droit : il n'y a pas d'exemple qu'il ait
jamais admis de fimples Nobles, encore
moins des roturiers, les Ducs même n'ont
fait aucune grace fur cet objet.

Ces remarques fuffifent pour faire
connoître l'erreur de ceux, qui trop paref-
feux pour approfondir, ou trop peu éclai-
rés pour le faire avec fruit, ont crû que
les deux efpéces de Chevalerie n'en faifoient qu'une en Lorraine ; elles prouvent
que l'on pouvoit être Chevalier fans être
de l'ancienne Chevalerie, & que les
Gentilshommes de l'ancienne Chevalerie
n'étoient point tous Chevaliers.

PRÉROGATIVES

De *l'ancienne Chevalerie* de *Lorraine.*

SI l'Annobli dont les Ancêtres étoient roturiers, gardoit le même rang, jouissoit des mêmes prérogatives, que celui qui descend d'Ancêtres Nobles, il seroit égal d'être le premier, le second, ou le dixiéme Noble de sa race; de-là sans doute une difference entre les Nobles même, de-là l'usage de distinguer la Noblesse de création de la Noblesse d'O-rigine.

Il y donc deux maniéres d'Acquérir la Noblesse; l'une de naître d'Ancêtres Nobles, l'autre d'obtenir des Lettres du Prince.

La Nobleſſe de la première eſpece s'appelle Nobleſſe de race, d'Origine, ou d'extraction ; celle de la ſeconde, Nobleſſe civile, d'Acquiſition, de création, ou Annobliſſement.

Toute Nobleſſe d'Origine, ou de race fut Nobleſſe d'Acquiſition, ou de création, puiſqu'on ſçait que les premiers Hommes ne naiſſoient, ni Nobles, ni Gentilshommes. Toute Nobleſſe d'Acquiſition, ou de création devient par la ſuite des tems, Nobleſſe d'Origine, ou d'extraction, lorſque le grand nombre des années en fait oublier le commencement; & quoi qu'il paroiſſe plus glorieux de faire paſſer à ſa poſterité une Nobleſſe que l'on ne doit qu'à ſoi-même, que de la tenir de ſes Ancêtres ; les Annoblis tiennent cependant le dernier rang dans la Nobleſſe, qui n'eſt Illuſtre, qu'à proportion qu'elle s'éloigne de ſa ſource.

On a dit dans la première partie de

cette Diſſertation, que les Annobliſſemens avoient commencé en France ſous Philippe le Hardi, & en Lorraine ſous Jean I. Dom Calmet prétend aucontraire (a), qu'ils n'ont commencé en France que ſous Philippe le Bel, & en Lorraine que ſous René I.

Pour la France, on peut lire M. le Préſident Hainault, Tom. 1ᵉʳ. 3ᵉ. race, p. 188. On verra que les premieres lettres d'Annobliſſement furent données en 1270, par Philippe le Hardi, à Raoul l'Orfévre.

Pour la Lorraine, on ſçait que René I. n'eſt monté ſur le Trône qu'en 1430, & pluſieurs Lorrains avoient déja été Annoblis plus de quarante ans auparavant, les Milian & les Dehaut ont obtenu des Lettres de Nobleſſe le 6. Décembre 1382 ; Guillemin des Vieux a été Annobli le

(a) Hiſt. de Lorr. Tom. IV. Diſſert. ſur la Nobleſſe de Lorr.

20. Octobre 1385 ; long-tems auparavant, les Ducs de Bar avoient accordé des Lettres de Nobleſſe à pluſieurs de leurs Sujets, Humbert de Gondrecourt à été Annobli par Robert, le 23. Juillet 1362.

Les premiers Annoblis ſous le Duc René I. ſont les Viliet, les Deſpilliers, les Valhé, les de Bourgongne, les de Moncille, qui tous ont obtenu des Lettres de Nobleſſe dans le cours du quinziéme ſiécle.

Il eſt certain qu'antérieurement à cette époque, nos Princes ont diſtingué ceux de leurs Sujets qui leur étoient le plus attachés, il eſt certain qu'ils leur ont accordé des prérogatives ; mais comment le faiſoient-ils ? Pluſieurs ont prétendu que l'Accolade étoit l'ancienne forme d'Annoblir ; mais réflechiſſoient-ils que de tout tems, la ſcience qui ne s'accorde gueres avec cet appareil Militaire, a été un moyen

d'acquérir la Nobleſſe, & qu'il y a toujours eu des Chevaliers de Lettres, comme des Chevaliers d'Armes (*a*) ?

Le Souverain, ou celui qui en a les
droits, eſt le ſeul qui puiſſe Annoblir ; ſi
les Damoiſeaux de Commercy, ſi les
Evêques de Toul & de Metz, ſi les Abbés
de Gorze, les Comtes d'Apremont, &
quelques autres Seigneurs particuliers ont
Annobli, c'eſt qu'ils avoient les droits
Régaliens ; c'étoient autant de petits
Souverains qui frappoient Monnoye,
donnoient des Loix, faiſoient la paix &
la guerre, puniſſoient, accordoient des
graces, levoient des ſubſides, & qui en
un mot exerçoient une autorité Royale
dans les Terres de leur Domination.

Annoblir, c'étoit donner des Lettres
Patentes que l'on expédioit ſous le grand
Sceau du Prince, accorder ces Lettres à

_____

(*a*) Hiſt. de Lorr. Tom. V. Add. & correct. ſur la
Nobleſſe de Lorr. p. c.

un Citoyen, c'étoit l'exempter des charges publiques, c'étoit par conséquent fur-
charger le peuple à proportion du nombre
des Annoblis. C'eft fur ces motifs que nos
Princes dans les commencemens n'Anno-
bliffoient que très rarement ; & pour
des raifons preffantes ; ces raifons que
l'on inféroit dans les Lettres de Nobleffe
étoient le zéle, l'attachement à fes Souverains, les fervices rendus à la Patrie,
de belles actions, *de bonnes mœurs* &c (a).

Ces Lettres s'accordoient en faveur du
Citoyen Annobli & de fes defcendans,
elles s'étendoient aux enfans nés de lui
au moment de l'obtention des Lettres,
lors même qu'on n'en faifoit pas mention ;
mais il n'y avoit aucune Loi qui ordonnât
l'enrégiftrement, delà les fuppofitions de
Généalogie, les ufurpations de qualités,

(*a*) Dans les plus anciennes j'ai lû ces mots.....
pour fes bonnes mœurs & nobles faits, & pour l'amour
& ferveur qu'il a toujours témoignés envers fon
Prince.   E 2

les falfifications de Titres, & mille autres abus dont on fentit enfin les conféquences fous le Régne du Grand Duc Charles en 1573, & que l'on effaya de réprimer. Le premier moyen dont on fe fervit, fut une recherche exacte de ceux, qui par une ambition honteufe, fe paroient hautement d'une Nobleffe qu'ils n'avoient pas reçue de leurs Ancêtres, & qu'ils n'avoient jamais méritée perfonnellement : les Maréchaux de Lorraine & de Bar, furent chargés de cette commiffion (a). Le fecond moyen fut d'obliger ceux qui dans la fuite obtiendroient des Lettres de Nobleffe, à les préfenter à la Chambre des Comptes pour en obtenir la vérification & l'enrégiftrement ; en conféquence, par un édit de l'onze Juin 1573, le

_____

(a) Ces Marechaux étoient, Jean Comte de Salm pour la Lorraine, & Affrican d'Hauffonville pour le Barrois. Leur commiffion eft du 12 Septembre 1577.

Souverain accorde à ce Tribunal le pouvoir de retenir les Lettres de ceux qui
feroient jugés, ou indignes de les avoir
obtenues, ou hors d'état de foutenir le
rang qu'elles donnent, & pour rallentir
l'ardeur de ceux qui follicitoient des Lettres de Nobleffe, Charles fixa la Finance
de ces Lettres au tiers des biens de l'Annobli.

» Mandons à nos Préfidens, Agens
» des Comptes de Lorraine & Barrois,
» avant que procéder à la vérification def-
» dites lettres (de Nobleffe) de s'informer
» exactement & faire inventaire & faire
» defcription des biens des impétrans
» d'icelles, à ce d'en être diftrait & ap-
» pliqué à notre profit, le Tiers pour
» notre Droit de Finance de ladite No-
» bleffe, dont notre Receveur du lieu de
» la demeurance de l'Annobli par nous,
» fera tenu fur le Mandement qui lui
» en fera incontinent adreffé de la part

» de nosdits Présidens & Gens des Comp-
» tes, de se charger & en faire état &
» Recette à son premier & prochain
» Compte.

» Lequel Tiers voulons & entendons
» être pris & levé pour notre dite Finance
» nonobstant que par nosdites Lettres il
» fut remis & acquité par mot exprès,
» & sans comprendre en icelui les dé-
» niers qu'on a accoutumé payer pour le
» Droit desdits Lettres, outre ladite
» Finance.

Ces dispositions ont été confirmées par
un autre Edit du 2. Janvier 1591.

Telles sont les précautions que prit ce
grand Prince contre la multiplication des
Nobles ; il sçavoit que les Annoblissemens, nuisibles à l'Etat, à charge aux
Citoyens roturiers, sont encore très souvent pernicieux aux Annoblis même, chez
lesquels ils ne font qu'introduire la ma-
gnificence des grands, ou exciter le désir
impuissant d'y atteindre.

En 1671, Louis Quatorze alors Maître de la Lorraine, révoqua par une Ordonnance expresse, tous les Annoblissemens faits par les Ducs de Lorraine, soixante ans auparavant, c'est-à-dire, toutes les Lettres de Noblesse qui avoient été accordées jusqu'en 1611, mais par une déclaration postérieure (*a*), il supprima cette Ordonnance, & rétablit dans leur Noblesse, tous ceux que nos Souverains avoient Annoblis.

Une troisiéme sorte de Noblesse, c'est celle que donne la possession de certaines Terres, ou de certains emplois.

En France, la profession des Armes & la possession des Fiefs ont Annobli pendant très long-tems. Sous Louis XIII. tous les hommes d'Armes, c'est-à-dire, tous ceux qui composoient les Compagnies d'Ordonnance, étoient Nobles, lorsqu'ils n'exerçoient aucun autre emploi.

(*a*) Elle est du 18. Septembre 1696.

Quiconque acquéroit un Fief Noble , &
le déservoit par service compétent (a) , étoit
réputé Noble ; ainfi donc alors, on s'anno-
bliſſoit foi-même , comme dit le Préfident Hainault (b) , on n'avoit befoin ni
de lettres du Prince , ni de pofféder des
Offices pour obtenir la Nobleſſe. Cet
ufage fe foutint jufque fous le Régne de
Henri III. qui fupprima la Nobleſſe acquife par les Fiefs (c), & de Henri IV.
qui fupprima la Nobleſſe acquife par les
Armes. On commença à trouver étrange
que le feul titre de Militaire, ou d'homme d'Armes, donnat celui de Noble , &
l'on vit que fi cette maniére d'acquérir
la Nobleſſe fubfiftoit plus long-tems, tous

(a) C'eſt-à-dire , lorfqu'il fuivoit fon Seigneur à la
guerre.

(a) Abregé Chonologique de l'Hiſtoire de France,
feconde partie An. 1600.

(c) Article 58. de l'Ordonnance de Blois en
1579.

les roturiers pourroient devenir Nobles dans moins d'un siécle, ou pour mieux dire, les Nobles deviendroient roturiers, puisque la Noblesse ne consiste que dans la séparation d'avec le simple peuple, ou les roturiers. Par la même raison, il parut encore indécent & injuste que le peuple en acquérant des Fiefs, acquit les prérogatives des Seigneurs qui seuls devoient les posseder; on leur en permit donc la possession, mais on leur en interdit le titre, ainsi s'introduisit la maxime, *une Terre Noble n'annoblit pas son possesseur*. On ne connut plus d'autre Noblesse que celle que donnoient, ou la naissance, ou le Prince, ou les charges ausquelles la Noblesse est attachée.

La profession des Armes n'a annobli en Lorraine dans aucun tems, la possession des Fiefs n'a pas eu plus de privilége ; les auteurs qui ont paru soutenir le contraire se sont évidement trompés, ou pour

mieux dire, on les a mal entendus, parce-
qu'ils se sont mal expliqués.

Les Fiefs dans notre Coutume & dans
celle du Duché de Bar, sont de telle nature
que les Nobles seuls peuvent les posséder ;
les Chambres des Comptes ont toujours
eu pour régle invariable, de ne permettre
à aucun roturier d'en acquerir sans Lettres du Prince, qu'on appelle *Lettres de
souffrance*, & qui doivent être enterinées.
Il n'en faut pas conclure que cette
possession annoblisse ; loin delà, nos Loix
veulent (*a*) qu'un Fief entre les mains
d'un roturier se *commette*, c'est-à-dire,
qu'il retourne au Seigneur dont il reléve,
mais cela n'arriveroit pas, si le roturier
possesseur d'un Fief devenoit Noble.

On ignore si jamais il y eut en Lorraine
des Offices qui conferassent la Noblesse,
(si cependant l'on excepte les Offices de

_____

(*a*) Cout. de Lorr. tit. V. des Fiefs art. 11.

la Courrone & les charges de Conseillers
d'État, dignités par lesquelles on acquiert
une Noblesse qui passe à la posterité).
Selon l'article VII. du titre prémier de
notre Coutume, il y a des emplois qui
donnent la franchise, mais cette franchise
est personnelle, & trés différente de la
Noblesse.

Autrefois les Habitans de Champagne
ont eu le privilége de pouvoir tirer leur
Noblesse du côté de leur Mere; on croit
que ce fut la Bataille de Fontenai entre
Lothaire & Charles le Chauve, qui donna
naissance à ce Privilége, parce-qu'une
grande partie de la Nobléffe de Champagne y périt.

Dans la Coutume de St. Mihiel &
& dans celle de Bar, les enfans peuvent
prendre la Noblesse de leur Mere en
renonçant, dans la Coutume de St. Mihiel,
a toute la Succession paternelle, & dans
celle de Bar, au tiers de cette Succession, &

en obtenant dans l'une & dans l'autre, des Lettres de confirmation du Prince.

Nous avons dejà dit qu'en 1603, il n'y avoit en Lorraine aucune différence de prérogative & de titre entre un ancien & un nouvel annobli ; mais on en introduisit à l'assemblée des États de cette année, en permettant aux Nobles du quatriéme degré de prendre le titre d'Écuïer, & à celle des états de 1622, en accordant aux annoblis du même degré, le pouvoir de se faire déclarer Gentilshommes.

Les Maréchaux de Lorraine étoient les Commissaires nés pour reçevoir les preuves des quatre degrés paternels & maternels, & après leur rapport seulement, le Prince donnoit des Lettres de gentillesse. Les Ducs Henry & Charles Successeurs de Charles III, se font quelque fois relachés de la rigueur de cette Loi, en accordant des Lettres de gentillesse avant la quatriéme génération, mais cette dérogation à la Loi n'y a cependant pas apporté de changement, l'unique différence, c'eſt que Leopold a diſpensé des preuves de la Nobleſſe maternelle. (a)

Une partie de la Nobleſſe avoit donc des prérogatives que l'autre n'avoit pas, mais qu'elle pouvoit acquérir : on comptoit donc deux ordres dans la Nobleſſe, (b) le premier de Gentilshommes, le ſecond d'Annoblis. Parmi les Gentils-hommes (c), ceux de l'ancienne Cheva-lerie formoient un corps à part ; ceux qui n'en étoient pas, pouvoient dans la ſuite y être aggregés, en prouvant & l'anti-quité de leur origine, & leur deſcendan-ce de l'ancienne Chevalerie, par les Fem-mes. Les Annoblis pouvoient à la qua-triéme génération devenir Gentilshom-mes, mais jamais Gentilshommes de l'an-

(a) Hiſt. de Lorr. Tom. IV. p. civ.

(b) Cout. de Lorr. Tit. 1. Art. iv.

(c) Tit. 1. Art. v.

cienne Chevalerie. Nous l'avons prouvé ailleurs.

La Noblesse a des Priviléges généraux, ou communs qui regardent les Annoblis, les simples Gentilshommes , & ceux de l'ancienne Chevalerie ; d'autres attachés à la qualité de Gentilhomme, ne concernent que les simples Gentilshommes, & ceux de l'ancienne Chevalerie, à l'exclusion des Annoblis ; quelques-uns enfin particuliers à l'ancienne Chevalerie, ne font accordés qu'à ceux qui composent ce corps , à l'exclusion & des simples Gentilshommes & des Annoblis. Pour mettre quelqu'ordre dans cette matiére, nous commencerons par les premiers que nous appellerons *Priviléges d'Annoblis* , nous passerons aux seconds que nous nommerons *Priviléges de Gentillesse* , & delà enfin aux derniers qui font *ceux de l'ancienne Chevalerie*. Le détail de ces différens Priviléges réünis, formera l'ensemble de toutes les Prérogatives dont joüiſſoient les anciens Chevaliers.

La préſeance ſur les roturiers eſt le premier Privilége des Annoblis. Ils ont droit de porter des Armes, d'avoir des Armoiries, des Sepultures diſtinguées ; ils ſont exemts de Guet, de Logement de Gens de Guerre ; de Corvées & d'impôts, avec cette diſtinction cependant, que des ſubſides que leve le Prince ſur ſes Sujets, les uns que l'on appelle réels, s'impoſent ſur les héritages, ou ſur les biens même, ſans conſidérer ceux qui les poſſedent, riches ou pauvres, Nobles ou roturiers, habitans ou étrangers ; tels les Dixiémes & les Vingtiémes dont perſonne n'eſt exempt ; les autres que l'on nomme perſonnels, ſe levent ſur les perſonnes même, ſans faire attention aux biens qu'elles poſſedent : la Capitation que l'on paye en France eſt une Taille perſonnelle.

Il eſt encore une troiſiéme eſpéce de

Privileges des Annoblis.

fubfides qu'on appelle Mixtes, à caufe qu'ils tiennent tout à la fois des réels, & des perfonnels ; des perfonnels, parce que c'eft fur la perfonne qu'ils s'impofent, des réels, parce que ce n'eft qu'à raifon des biens que la perfonne poffède ; l'impôt qu'on nomme *Subvention* en Lorraine eft, à proprement parler, une Taille Mixte.

Les Nobles font donc exeints des Tailles perfonnelles, & des Tailles Mixtes, mais pour les réelles, ils n'ont pas plus de Privilége que les roturiers, il faut une conceffion particuliére du Prince, encore préfumeroit-on cette conceffion *obreptice*, parce que l'éxemption des Tailles réelles eft contraire au bien public, & à la Police général de l'Etat.

Pour la jurifdiction, la Nobleffe *en deffendant* ne peut être traduite directement

ment que devant les Juges des Bailliages
& des siéges Bailliagers (*a*).

Les Nobles, Tuteurs légitimes de leurs
enfans comme les roturiers, ont un Privilége que les roturiers n'ont pas ; ceux-ci
doivent rendre un compte exact des fruits,
des rentes, des revenus des biens du
Mineur, en retenant cependant les frais
de nourriture & d'entretien : au lieu que
le Tuteur Noble, que l'on appelle communément *gardien Noble*, joüit des biens
de son Mineur sans en rendre aucun compte, & sans autre charge que celle de
l'entretien & de l'éducation du Pupille (*b*).

Les Nobles peuvent acquérir des biens
Fiefs, des Seigneuries, lors même qu'elles
font titrées, comme les Marquisats, les
Comtés, les Baronies ; ils peuvent posséder des Chateaux & des Forteresses,

(*a*) Ordonnance de 1707, Tit. des Conseillers
des Bailliages Art. xxj.

(*b*) Cout. de Lorr. Tit. 4. Art. 1.

F

tandis que les roturiers font incapables d'en acquérir, & que *s'il leur en vient par Succeſſion*, ils font *contraints*, ou *de les remettre entre les mains* des Nobles, ou *de les voir réünis* au Domaine (*a*).

La Veuve d'un Annobli a quarante jours pour renoncer à la Communauté après la mort de ſon Mari, tandis que la Veuve du roturier doit le faire le jour de l'enterrement ſi elle eſt préſente, & ſi elle eſt abſente, vingt-jours après qu'elle a ſçu la mort de ſon Mari (*b*).

Les Nobles, dans les conventions, font affranchis de certaines formalités que les roturiers doivent obſerver (*c*).

On prétend qu'en cas de crime, ou de délit, les Nobles font punis moins ſévérement que les roturiers, ce que l'on

(*a*) Tit. 5. Art. II.

(*b*) Tit. 2. Art. III. & Tit. 3. Art. IV.

(*c*) Tit. 12. Art. viij. aux anciennes, & Art. II. aux nouvelles.

compte parmi les prérogatives de la Nobleffe ; mais en fuppofant pour un moment la vérité de ce fait, eft-ce bien un
Privilége de pouvoir commettre le crime
avec plus d'impunité ? La Nobleffe pou-
voit-elle en fouhaiter de femblables ? On
a dit qu'on fuppofoit la vérité de ce fait ;
qu'elle apparence en effet que le Legif-
lateur ait voulu être moins févére pour
le criminel Noble que pour le criminel
roturier ? Si c'eft un principe que le crime
augmente à proportion du rang & de la
qualité de celui qui le commet, il faut
en conclure que le Noble eft plus *puniffable* que le roturier ; mais fi la raifon
veut qu'il foit plus *puniffable*, comment
les Loix voudroient-elles qu'il fut moins
puni ?

On voit par les Ordonnances de France
fous Henri III. & fous fes Prédeffeurs que
l'on deffendoit aux roturiers de porter
certains habillemens deftinés aux Nobles

feuls. *Les habits & accoutremens de De-moiselles & atours de veloux* étoient *in-terdits* aux Femmes des *non Nobles* (*a*). Jamais nos Ducs n'ont fait de fembla-bles deffenfes.

Telles font les prérogatives dont joüif-fent les Nobles en Lorraine, prérogatives qu'ils partagent en partie, avec les Eccle-fiaftiques, les Religieux, les Juges des Tribunaux Souverains, les Procureurs Généraux, ceux qui font au Service du Prince, les citoïens des Villes Privilégiées, comme celle de Nancy (*b*), ceux qui habitent des Maifons Franches, ceux enfin qui par un Privilége particulier ont obtenu du Souverain un affranchiffement, tel eft celui des habitans de Laveline

(*a*) Ordonnance de Henri III. du mois de Juillet 1576.

(*b*) Nancy fut exempté fous René II. à caufe des différents Siéges qu'il foutint contre le Duc de Bour-gogne.

(*a*), que l'on appelle par cette raison *les Gentilshommes de Laveline.*

Mais toutes ces différentes sortes de franchises qui prennent leur source, ou dans un Privilége immémorial, ou dans l'emploi, ou le lieu de la demeure de celui qui en joüit (*b*), ces franchises différent de la Noblesse en deux points essentiels ; le premier c'est qu'elles expirent avec la cause qui les a fait naître ; c'est-à-dire que la Franchise que donne certain emploi, ne dure qu'autant que l'Officier est en charge, que celle qui vient d'une concession personnelle, meurt avec celui qui l'a obtenuë, que celle enfin que l'on tient du lieu que l'on habite, cesse dès que l'on en habite un autre : aucune de ces franchises ne passe, ni aux héritiers, ni aux descendans ; attachées unique-

(*a*) Près de Bruyéres.

(*b*) Cout. de Lorr. Tit. x. Art. vij.

ment, ou à l'emploi, ou à la demeure, ou à la perfonne, jamais elles ne s'éten-dent au-delà. Le fecond point de diffé-rence entre ces franchifes & la Noblefe, c'eft qu'elles ne donnent pas indiftincte-ment tous les Priviléges que donne la Noblefe, elles ne rendent pas capable de poféder des Fiefs, des Seigneuries, elles ne deférent point la Gardenoble &c. Communément elles fe bornent aux feulés exemptions d'impôts, de Corvées, de Guet, & de Logemens de gens de Guerre.

L'ordre des Gentilshommes, d'un grade au-defus de celui des fimples Nobles, joüit non-feulement de tous les Privilé-ges que nous venons de détailler, mais encore de beaucoup d'autres que nos Loix leur accordent pour perpetuer le luftre dans les familles.

On doit remarquer que dans l'Origine ces Priviléges n'ont été accordés qu'aux

Gentilshommes d'une Origine inconnuë, puisque dans le tems de la rédaction de la Coûtume on n'en connoissoit pas d'autres (*a*). Cependant il a été décidé par les Arrêts que les Gentilshommes déclarés, ou les nouveaux Gentilshommes, jouïroient des prérogatives que la Coûtume accorde aux anciens ; jurisprudence fondée sans doute sur ce que Charles III. à donné les Priviléges de Gentillesse aux Annoblis du quatriéme dégré, par-là même qu'il leur donne le tître de Gentilshommes, sans quoi ce tître ne seroit rien.

(*a*) En 1580, lors de la rédaction de la Coûtume de Bassigny, les sieurs Voiriot de Damblain voulurent prendre le Nom & les Armes de la Maison de Bouzey, & entrer en cette qualité dans l'assemblée des Etats ; Messieurs de Ligniville, de Lavaulx de Vrécourt Chambellan de son S. A. & Gouverneur de la Motte, & de Seraucourt de Romain s'y opposérent & leur deffendirent d'assister aux Etats en qualité de Gentilshommes. *V. le procès verbal de la rédaction de la Cout. de Bassigny.*

Tout ce que dit la Coûtume des anciens
Gentilshommes, on l'a donc étendu aux
nouveaux, quoi qu'ils n'exiſtaſſent pas
lors de ſa rédaction, de même que les
prérogatives qu'elle accorde aux Annoblis, s'étendent aux Annoblis de nos
jours.

Les Batards avoués des Gentilshommes ſont de la condition des Annoblis,
pourvû qu'ils en ſuivent l'état (*a*).

Notre Coûtume deffend aux enfans de
famille de ſe marier ſans le conſentement
de leur Pere & de leur Mere, elle punit
même ſévérement tous ceux qui pourroient, ou les engager, ou les aider à
mépriſer cette ſage diſpoſition, avec cette
difference que lorſqu'il s'agit d'un Gentilhomme marié ſans le conſentement
de ſes Pere & Mere, les auteurs & les
complices en ſont punis corporellement

(*a*) Cout. de Lorr. Tit. I. Art. xij.

(*a*) , & lorfque c'eft un Annôbli, ou un roturier, la peine eft une amande

Selon nos mœurs, les déniers donnés en mariage à la femme font meubles, ils appartiennent au furvivant ; mais la Coûtume excepte de cette régle générale les Filles de gentilshommes elle leur accorde expreffément le Privilége de poffeder en propre leurs déniers dotaux, elle les réalife en leur faveur de telle forte, que c'eft le feul cas où le mari foit obligé au remploi. Ainfi les déniers que reçoit en mariage une Fille de Gentilhomme , n'entrent point dans la Communauté , par la fiction de la Coûtume ils lui deviennent *propres & reverfibles* à fa famille (*b*).

L'élection du Tuteur pour des enfans

(*a*) Leopold a changé cette peine corporelle en une amande v. le recuil de fes Edits, Tom. II. p. 596.

(*b*) Cout. de Lorr. Tit. 1. art. xviij.

(*c*) Cout. de Lorr. Tit. 2, art. xiij. & Tit. 16, art. XXV.

de Gentilshommes doit se faire dans une assemblée de parens, aux Assises ou ailleurs, & cette élection doit être confirmée par le Souverain (a).

Comme les Filles de Gentilshommes perdent leur nom lorsqu'elles se marient, & que les Fils seuls transmettent le leur à leurs descendans, notre Coûtume renferme plusieurs dispositions en faveur de ceux-ci, & aux désavantage des autres.

Les Mâles sont préferés aux Femelles en pareil dégré pour le retrait des *Seigneuries* & des *Terres de Fief* (b), & dans les Successions des mêmes biens, le Frere exclud la Sœur, ensorte qu'elle ne peut hériter *tant qu'il y a des Mâles ou de leurs descendans* (c); bien plus, *en toutes Successions directes*, les Filles ne *succedent* point, on les *apportionne*, c'est-à-

(a) Tit. 4. art. iv,

(b) Tit. 13. art. xxviij.

(c) Tit. 5. art. I.

dire, que pour la part qu'elles devoient avoir dans la Succeſſion, on leur donne une ſomme de déniers, ſelon les biens & l'état de leur famille ou de leur maiſon. La Coûtume remet cette eſtimation à l'arbitrage des parens, en ordonnant cependant que s'ils ne ſont pas d'accord ſur cet objet, le Tribunal des Aſſiſes décidera (*a*).

On ne peut confiſquer les biens des Gentilshommes que pour *crime de leze Majeſté*, *attentât contre les Enfans de la Couronne*, *ou entrepriſe contre l'Etat directement* (*b*).

Nos Loix qui exigent le miniſtére d'un Tabellion pour les Teſtamens entre les Annoblis & les roturiers, veulent qu'un Teſtament fait par un Gentilhomme en préſence de trois ou quatre autres Gen-

(*a*) Tit. 9. aux Nouvelles, art. II.

(*b*) Tit. 6. Art. xj. & xiij. Huſſon l'Ecoſſois, Craïon de la Nobleſſe &c.

tilshommes ses parens ou ses amis, &
signé d'eux soit valable (a).

Elles veulent encore qu'il puisse *par*
donnation entre vifs , ou par Testament
donner & substituer une des maisons anciennes & un quart du bien ancien à
l'un de ses enfans, ou de ses parens por-
tant le même Nom, & les mêmes Armes,
& à leur défaut à tout autre de la Famille
à charge de prendre & le Nom & les
Armes (b).

Par cette disposition la Coûtume fait
une grande difference des Gentilhommes
aux Annoblis & aux roturiers; ceux-ci
ne peuvent entre vifs disposer de leurs
biens anciens & patrimoniaux au profit
de leurs enfans, en avantageant l'un plus
que l'autre (c) ; dans les Actes à cause
de mort, ils doivent observer la même

(a) Tit. 11. art. vj.
(b) Tit. 11. aux Nouvelles , art. III.
(c) Tit. 10. art. I.

égalité, & la Loi qui leur permet de dif-
poſer du quart de leur ancien, leur deffend de le donner, ou de le léguer à l'un
de léurs enfans (*a*) ; au lieu *qu'entre Gen-*
tilshommes, on peut, ſoit par donation
entre vifs, ſoit par Teſtament *diſpoſer &*
ſubſtituer valablement pour une des maiſons
anciennes & un quart du bien ancien en
corps & fond entre les enfans.. …

La Coûtume dit *entre Gentilshommes*,
parce qu'il faut que le donateur & le
Donataire, le Teſtateur & le Légataire
ſoient Gentilshommes. En effet ſi le Donataire, ou le Légataire étoit roturier, il
ſeroit incapable de poſſéder des Terres
Nobles, des Fiefs, il ne pourroit point
porter les Armes du Teſtateur, ou du
Donateur, condition cependant exigée
pour la validité du Leg, ou de la Donation. Ce qu'il y a de ſingulier dans le

(*a*) Tit. 11. aux anciennes art. III.

Privilége que le Légiſlateur accorde ici
aux Gentilshommes, c'eſt que de tous les
articles de notre Coûtume, celui-là eſt le
ſeul dans lequel il ſoit parlé de Subſtitution, ce qui a fait dire à l'un des com-
mentateurs de cette Coûtume (*a*), que
la Subſtitution *n'avoit lieu en Lorraine hors
ce cas en faveur des Gentilshommes à l'ex-
cluſion des autres & que c'étoit la ſeule
maniére de ſubſtituer uſitée parmi nous.*
On doit cependant excepter la ſubſtitu-
tion officieuſe.

Les conventions païſées entre Gentilshommes, *ſous leurs Sceaux & ſignatures
font foi en juſtice ſans même qu'elles
ſoient reconnuës* (*b*).

Tout ce qui ſert à la deffenſe de leurs
Châteaux, comme *Artillerie , piéces de*

(*a*) Canon. Comment. Sur les Coutumes de Lorr.
Tit. 11. aux Nouv. art. iij. p. 293.

(*b*) Tit. 12. art. iv. uni à l'article v.

Fonte, *Arquebuses* &c. eft cenfé immeu-
ble (*a*).

Tel eft en abregé le détail des prérogatives attachee à la qualité de Gentilhomme, prérogatives dont les Gentilshommes de l'ancienne Chevalerie jouïffoient comme tous les autres Gentilshommes, outre celles qui étoient parti-
culiéres à leurs corps.

Les Gentilshommes de l'ancienne Chevalerie, au-deffus des autres Gentilshommes, étoient en Lorraine ce que l'on appelle ailleurs *la haute Nobleffe* ; ils tenoient le premier rang dans les états, &
felon une Ordonnance du Duc Henri II.
de 1619, ils étoient les feuls qui puffent
prendre la qualité *d'honorés Seigneurs.*

Les anciens Chevaliers ont joüi long-
tems du Privilége d'être rachetés par le
Duc, lorfqu'ils étoient faits prifonniers, &

_____

(*a*) Tit. 16. art. xxiij.

d'être dédommagés de tout ce qu'ils pouvoient avoir perdu dans la bataille. Nous
en avons un exemple sur la fin du treiziéme siécle.

En 1280, Le Duc Ferri III. déclara
la guerre à la Ville de Metz, & à ses
Alliés ; il y eut un fameux combat donné à Moresberg, & où Ferri fut battu.
Jean de Choiseul qui commandoit un
corps de deux mille hommes soutint seul
pendant long-tems les efforts de l'Armée
victorieuse, mais couvert de blessures &
abandonné des siens, il fut enfin forcé de
se rendre prisonnier. Le Duc qui devoit
payer sa rançon & l'indemniser de la perte
de ses équipages, en remit l'estimation,
de concert avec lui, au Marechal de Champagne qui condamna Ferri à donner deux
mille livres, somme très considérable alors,
& que le Duc paya en différens termes,
selon ce traité que l'on voit dans les titres
de la Maison de Choiseul..... *Je Ferri*.....
me

me fuis appoifies à Jehan Signor de Choi-
feul me Féal què il me demandoit par dous
mille livres de Tournois , defquez dous mille
livres deffufdites je lain ai payées cin cent
livres féches &c.

Cet événement fingulier dans fes circonftances , eft devenu plus intereffant encore par l'erreur dans laquelle il a fait
tomber des Hiftoriens Lorrains , & des
Hiftoriens étrangers. Sur ce traité qu'on
vient de rapporter , le Pere Benoit dans
fon Hiftoire de Lorraine (*a*), l'Auteur
(*b*) d'un livre imprimé fous le nom de
Baleicourt (*c*) , & M. d'Hozier dans fes
preuves de la Maifon de Choifeul impri-
mées en 1670, ont crû que Jean de Choifeul
avoit eu la témérité de déclarer la guerre
au Duc Ferri , & le bonheur de le faire
prifonnier : peu inftruits fans doute de

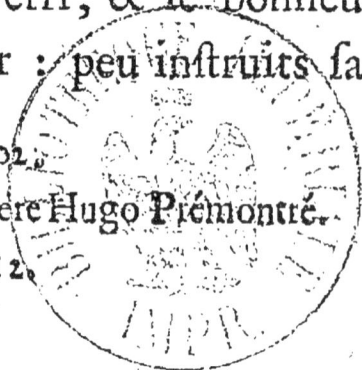

(*a*) p. 302.

b) Le Pere Hugo Prémontré.

(*c*)p. 112.

G

l'ancien ufage felon lequel les Ducs de
Lorraine devoient racheter leurs Chevaliers, ils fe font imaginés que la rançon
payée par Ferri, au Sire de Choifeul,
étoit la rançon du Duc lui-même. Un
examen plus refléchi du titre leur eut fait
connoître que le prifonnier étoit, non le
Prince de Lorraine, mais le Sire de Choifeul, & que fi Ferri païoit une rançon à
Jean de Choifeul, c'eft que Jean de Choifeul, dans le combat de Moresberg avoit
été fait Prifonnier au Service de fon Souverain. C'eft-ce que prouve clairement une
efpece de quittance donnée à Ferri par le
Sire de Choifeul . . . . . *Je Jehan Sire de*
Choifeul . . . . . me fuis accordeis & appoifies
à mon chier Signiour noble Homme Ferri,
Duc de Lorreigne, & Marchis, pour moi
& pour mes hoirs de la rançon que je l'y
demandoye dont je fuis remis, quand je fuis
pris avec lui à Poignis, de Moresberg.......
parmi dous mille livres de Tournois, def-

que je ai reçu cin cent &c. (*a*).

Le quinziéme fiécle offre encore un exemple femblable. A cette Bataille de Bulgnéville dont nous avons déja parlé plufieurs fois , Jean de Rodemach Seigneur & Chevalier Lorrain de la fuite de René , fut fait prifonnier par les Bourguignons & mené en Bourgogne ; en 1436, René traita pour la rançon de ce Seigneur, avec Antoine de Croy , Confeiller & premier Chambellan de Philippe Duc de Bourgogne (*b*) ; on convint d'une fomme de dix mille écus d'Or, dont une moitié devoit être payée en 1437, & l'autre en 1438. René s'obligea de laiffer entre les mains du Duc de Bourgogne la Ville de Clermont en Argonne jufqu'après le premier payement , & celle de Neuf-Château jufqu'après le

(*a*) Hift. de Lorr. Tom. III. l. 24. n. 35. p. 133.

(*b*) Archives de Lorr. lettres du Roi René du 7. Février 1436.

second; à ces conditions & sur le cautionnement de quelques Chevaliers, Jean de Rodemach fut mis en liberté.

L'ancienne Chevalerie avoit un autre Privilége qui lui attachoit les Gentilshommes étrangers : c'est que les enfans qui naissoient d'une Fille de l'ancienne Chevalerie mariée à un Gentilhomme étranger qui n'étoit point de ce corps illustre, ces enfans devenoient Gentilshommes de l'ancienne Chevalerie, en acquéroient les prérogatives, comme s'ils eussent eu pour Pere un ancien Chevalier, mais il falloit que leur Mere ne se fut point mésalliée par un premier mariage (a).

Lorsque la paix regnoit en Lorraine, il étoit libre à un Gentilhomme de l'ancienne Chevalerie de s'engager au service d'une Couronne étrangére, & d'y rester

_____

(a) Cout. de Lorr. tit. 1. art. x.

quoique dans la fuite la guerre s'allumat dans fa patrie (*a*).

En cas de crime , un Gentilhomme de l'ancienne Chevalerie ne pouvoit être jugé que par les Echevins de Nancy , & il avoit le droit d'exiger que deux autres Gentilshommes de l'ancienne Chevalerie nommés par le Prince affiftaffent les Echevins dans l'inftruction de la procédure , & examinaffent fi l'on jugeoit felon les formes (*b*).

Par l'article II. des Etats généraux convoqués à Nancy , en 1629 , on voit que les anciens Chevaliers joüiffoient d'une exemption que l'on pourroit appeller légére , s'il en étoit de telles aux yeux des hommes.

Cet article eft conçu en ces termes : » les Ecclefiaftiques fupplierent S. A. de

(*a*) Lettres Patentes du Duc Charles III. de l'an 1596.

(*b*) Patentes de Charles III. citées plus haut.

» faire deffendre à leurs Salpétriers de
» faire toifer du Salpêtre, ez Maifons »
» Ufuines , & lieux dépendants de leurs
» Bénéfices , & les traiter à l'égal de
» Meffieurs de l'ancienne Chevalerie &
» leurs Pairs (*a*).

Quand les Chevaliers alloient aux Affifes, ou qu'ils en revenoient & pendant
tout le tems qu'ils y affiftoient , on ne
pouvoit ni faifir leurs biens, ni éxecuter
leurs meubles, ni arrêter leurs Chevaux ,
pour des dettes Civiles (*b*): comme ils
alloient à leurs frais rendre gratuitement
la Juftice à leurs Concitoyens ; on pen-
foit qu'il feroit injufte de les troubler dans
des inftants qu'ils confacroient au public,
& de les empêcher de s'acquitter d'une
obligation qu'ils avoient bien voulu s'im-
pofer eux-mêmes.

Cette obligation, le plus beau , le plus

(*a*) Preuves de l'Hift. de Lorr. Tom. vij. p. ccccj.
(*b*) Cout. de Lorr. Tit. 17. art. 13.

honorable de tous leurs Priviléges , &
celui dont ils étoient le plus jaloux ,
consistoit à juger aux Assises de Nancy ,
de Vôges , & d'Allemagne , directement
ou par Appel des Tribunaux inférieurs ,
toutes les contestations qui naissoient entre les Sujets du Prince , ou entre le Prince même , & quelques-uns de ses Sujets
(a). On appelloit en certaines actions , des
décisions que rendoient les Chevaliers
aux Assises d'Allemagne , & de Vôges ;
mais à celles de Nancy , & *aux furs As-*
sises (b) *de Vosges* ils jugeoient Souverainement & en dernier ressort , *sans*
plainte ni révision de Procès (c).

(a) Art. 5. Tit. 1. du stile mis après la Cout. de Lor.

(b) Les furs Assises se tenoient pour connoître du
possessoire des Fiefs & francs alœuds & des actions personnelles dont Faber fait mention sur l'article 5. Tit.
1. de la Coutume.

(c) Tit. 1. art. 5. de la Coutume , & art. 7. & 8. du
Tit. 1. du stile.

Les Affifes étoient donc un Tribunal dont les Juges étoient les feuls Gentils-hommes de l'ancienne Chevalerie, (il faut en excepter les Affifes d'Allemagne, où les Prélats non Gentilshommes avoient le droit d'affifter.) On tenoit les Affifes dans trois endroits différens, à Nancy, à Mirecourt, à Vaudrevange, & on les tenoit de quatre femaines à autres.

L'ouverture des Affifes fe faifoit le Lundi à une heure après midy, au fon d'une cloche que l'on appelloit la cloche des Affifes. Le Bailly & les Gentilshom-mes de l'ancienne Chevalerie s'affem-bloient dans une Salle de la Cour du Duc ; les parties, & leurs Avocats attendoient dans une Antichambre, & lorfque les Chevaliers s'étoient placés au tour d'une grande Table couverte d'un Tapis de Velours, chacun felon le rang que le ha-zard lui offroit, on ouvroit les portes de la Salle. A l'afpect d'un Tribunal fi Augufte

composé souvent de plus de quarante Chevaliers (*a*), tous de la premiére Nobleſſe
de la Lorraine, la ſurprise de l'étranger
dut être plus d'une fois celle de Cinéas,
lorſqu'il vit le Sénat de Rome aſſemblé.

On écoutoit attentivement les Avocats,
dont le plus habile au yeux des Juges, étoit
celui qui parloit le plus clairement & le

___

(*a*) Les Chevaliers députés pour tenir les Aſſiſes de
1618, 1619, & 1620, étoient au nombre de 86,
ſçavoir ; un d'Alamont, un d'Anglure, un Barbay,
un Baſſompierre, un Beauvau, deux Bildeſteins, trois
Bouzey, un Bromback, un Buffegnécourt, un Créange, un Cuſtine, quatre Déſarmoiſes. trois du Chatelet deux Dubuchet, quatre Duhautoi, un Fiquémont, un Florainville, un Freſnel, ſept Gournai, ſix
d'Haraucourt, un d'Havrey, deux de Houſſe, un d'I-
gny, un de Landres, trois Lavaux, trois Lenoncourt,
cinq Ligniville, trois Liſſeras, un Livron, un Ludres,
trois Lutzelbourg, deux de Mercy, un Mitry, un
Netancourt, un Norroy, deux d'Ourches, quatre
Raigecourt, un Comte Sauvage du Rhin, deux Rouſ-
fel, deux Serocourt, deux Stainville ; un Tornielle.

plus fuccinctement. La plaidoïerie finie,
le Bailli dont l'emploi étoit, non de juger,
mais de faire éxecuter les Jugemens des
Chevaliers, Le Bailli fe levoit, nommoit
un des Gentilshommes pour Echevin, &
fortoit de la Salle. L'échevin receüilloit
les voix, la Coutume étoit toujours fur
la Table, on y recouroit exactement :
quand l'affaire paroiffoit obfcure, on con-
fultoit les plus anciens, & les plus éclai-
rés d'entre les Avocats, & après la délibération on ouvroit la Salle, le Bailli
rentroit, & l'Echevin prononçoit ainfi :
*par les avis de Meffieurs les Nobles & par
le mien il eft dit....*

″ Quelques grands Seigneurs que fuf-
″ fent les Gentilshommes des Affifes, dit
″ M. Guinet, on les follicitoit tant
″ qu'on vouloit, & quelques pauvres que
″ fuffent les parties, ils les recevoient tou-
″ jours & les écoutoient, & les Avocats
″ avec beaucoup d'honneteté.

Ceux qui voudront de plus longs détails, peuvent lire le Manuſcrit de M.
Guinet imprimé dans l'Hiſtoire de Lorraine de Dom Calmet (*a*) , & le receüil de l'ancien ſtile imprimé à la ſuite
de la Coutume de Lorraine, ils y verront,
quel étoit ordinairement le nombre des
Juges aux Aſſiſes , en quelle forme on
jugeoit, comment s'expedioient, & comment s'éxécutoient les jugemens rendus.

Les anciens Chevaliers ignoroient peut-
être cette foule de Loix, qui faite pour
ôter des reſſources à la chicane, ne ſert
que trop ſouvent à lui en fournir ; mais
ils avoient des principes d'une Juriſprudence fixe & aſſurée ; leur Tribunal ſub-
ſiſtoit encore lorſqu'on rédigea notre
Coûtume ; le long intervalle de ſix ſiécles,
pendant leſquels ils ont été nos Juges ,
peut-il nous laiſſer douter de leurs lu-

(*a*) Tom. III. p. ccxxij.

miéres, & de leur intégrité ?

L'on n'avoit point à effuïer, ces remi-
fes, ces délais, ces longs appointemens.
On jugeoit fommairement & prompte-
ment; le même inftant qui voyoit naître
le démon de la chicane, le voyoit fouvent expirer.

Les anciens Chevaliers fe rendoient à
Nancy, à Mirecourt & à Vaudrevange,
pour juger les peuples, fans autre récom-
penfe de leurs travaux, que le plaifir
toujours pur de faire le bien, & le bien
le plus utile : ils avoient donc une vraïe
idée de la Nobleffe, puifqu'ils regardoient
comme un de fes premiers Priviléges de
pouvoir fe confacrer à l'utilité publique.
Quels étoient pour de tels Juges, les fentimens de refpect, & de reconnoiffance
des Lorrains? jugeons en par ce qu'ils devoient être, jugeons en par la vénération
que l'on conferve encore aujourd'hui pour
leurs defcendans.

Enfin le dernier Privilége des Gentils-hommes de l'ancienne Chevalerie, étoit de pouvoir plaider eux-mêmes aux Affifes leur propre caufe, celle de leurs Pairs, de leurs amis, & des pauvres ; Privilége auffi beau qu'il eft fingulier, Privilége qui prenoit fa fource dans l'amitié, l'humanité, & l'avantage de fe deffendre foi-même.

Chriftophe de Bouzey, fe préfenta aux Affifes du 12. Juin 1629, pour plaider fa caufe & celle d'Erneft Duc de Croüy. African de Baffompierre qui préfidoit en qualité de Bailli, voulut l'en empêcher en difant que c'étoit le Miniftére des Avocats, & non des parties. Criftophe de Bouzey prouva au contraire par des exemples qu'il cita, par des Jugemens qu'il produifit que tel étoit l'ufage parmi les Gentilshommes de l'ancienne Chevalerie. François d'Igny, l'un des Juges, & qui en 1623, avoit lui-même plaidé fa caufe aux Affifes de Nancy, déclara qu'on avoit décidé la queftion en fa faveur, & que s'il n'eut point été fon Avocat, il auroit pû perdre fon Procès. La matiére mife en délibération on admit Chriftophe de Bouzey à plaider : il le fit avec tant de fuccès, qu'il obtint un jugement favorable dans lequel ce fait & le plaidoïer font rapportés.

3e Epoque de la fuppreffion des Affifes.

Les Affifes & les Priviléges de l'ancienne Chevalerie ont commencé avant Ferri III.

Après la mort du Duc Raoul en 1346, les anciens Chevaliers fe plaignirent que ce Prince avoit donné atteinte à leurs Priviléges : la Ducheffe Marie de Blois fa Veuve, & Régente fous la minorité du Duc Jean, promit de les rétablit dans tous leurs droits. Charles II. reconnut encore les Priviléges de l'ancienne Chevalerie, il s'en rapporta même à la décifion des Affifes en 1425, fur une conteftation qu'il avoit avec les Citoyens de Toul & de Verdun, au sujet du droit de sauve-garde qu'il prétendoit.

Cependant, sous René I. les anciens Chevaliers renouvellerent les mêmes plaintes qu'ils avoient adressées à la Duchesse de Blois ; René I. & Isabelle sa femme leur accorderent donc en 1430, des lettres Patentes par lesquelles ils reconnoissent & confirment par serment la jurisdiction & les Priviléges dont la Chevalerie joüissoit de tems immémorial.

En 1464, les Chevaliers se plaignirent encore au Duc Jean II. qui confirma par de nouvelles lettres Patentes celles du Duc René I. & d'Isabelle son Epouse. Nicolas son Fils, & son Successeur suivit son exemple en 1471. René II. en 1477, Antoine en 1533, & François I. en 1545, en firent de même.

Charles III. dit le Grand fit son entrée à Nancy en 1562, sans confirmer les

Priviléges de l'ancienne Chevalerie qui
s'affembla en conféquence, Charles fe
détermina a faire une feconde entrée, &
à les reconnoître.

Le Procureur général (a), qui avoit
fait des remontrances pour empêcher cette feconde entrée, protefta devant Notai-
re, contre les fermens que le Duc Charles
pourroit faire dans cette cérémonie, mais
malgré fes proteftations Charles III. confirma de nouveau les Priviléges des anciens Chevaliers en 1569, ce qui fut re-
peté par le Duc Henri fon Fils en 1610,
& en 1614, & par Charles IV. en 1626.

Charles le téméraire, Duc de Bourgogne, ayant pris Nancy, & prefque
toute la Lorraine en 1475, avoit voulu
fupprimer les Affifes, & créer un Parlement, mais ce ne fut qu'une tentative
fans éxécution (a). Le Tribunal des Affifes
a fubfifté jufqu'en 1634, où Louis XIII.

(a) Le Hongre.

alors

alors maître de la Lorraine qu'il avoit conquise, établit à Nancy, un Conseil Souverain auquel il attribua la jurisdiction de la Chevalerie. Ce Conseil Souverain composé de deux Présidens, & de dix-sept Conseillers, fut réüni en 1636, au Parlement de Metz.

Nous avons dit que le Tribunal des Assises avoit subsisté jusqu'en 1637 ; Dom Calmet semble insinuer, dans une Dissertation sur la Noblesse de Lorraine (a), que Charles IV. supprima ce Tribunal en 1628 : mais il n'a pas fait attention que l'année suivante il y eut encore une assemblée des Assises, dans laquelle Christophe de Bouzey plaida & gagna sa cause, il est étonant que Dom Calmet qui rapporte ailleurs ce fait, ne s'en souvienne plus ici.

Nous avons dit que Louis XIII. avoit attribué au Conseil Souverain qu'il établit à Nancy, la jurisdiction qu'éxer-

H

çoient les anciens Chevaliers, voici l'Edit de Création.

» Louis &c. à tous ceux &c.

» (a) Nous avons dit & déclaré . . . . .
» & nous plait dorefnavant pour la Lor-
» raine & tous autres lieux qui obéif-
» foient ci-devant audit Duc (Charles
» IV.) excepté l'étenduë du reffort du
» Parlement établi en la Ville de St.
» Mihiel, la Juftice foit adminiftrée à
» Nancy par un Confeil Souverain; &
» pour les lieux reffortiffans audit Par-
» lement de St. Mihiel, par un Inten-
» dant de la Juftice & police que nous
» commettrons à cet effet, & qui Pré-
» fidera audit Parlement.

» Lequel Confeil Souverain nous vou-
» lons être composé de deux Préfidens, dix-
» fept Confeillers, un nôtre Avocat,

_____

(a) On fuporime le préambule, il contient un long
détail des raifons qu'avoit eu Louis XIII. de faire la
guerre à Charles IV. & de le dépoüiller de fes Etats.

„ un notre Procureur général & un
„ Greffier ; attribuant audit Conseil tou-
„ te Cour, Jurisdiction & connoissance
„ de toutes affaires Civiles, & criminel-
„ les, de Police, de Domaine, imposi-
„ tions, Aides, Tailles, Finances, &
„ toutes autres généralement quelcon-
„ ques dont le Conseil d'Etat, Parle-
„ ment de St. Mihiel, Chambre des
„ Comptes, Cours des Aides *& autres*
„ *Juges Souverains ci-devant établis au-*
„ *dit Païs de Lorraine* souloient connoî-
„ tre..... avec plein pouvoir & auto-
„ rité de Juger Souverainement & en
„ dernier ressort toutes lesdites affaires,
„ tant en première instance que sur les
„ appellations qui seront interjettées au-
„ dit Conseil, des Baillifs, leurs Lieu-
„ tenans & autres Juges, dont les Ap-
„ pellations ressortissoient ausdits Con-
„ seil d'Etat, Parlement, Cour des Ai-
„ des, *& autres jurisdictions Souveraines,*

H ij

» obfervant les Coutumes & ufages des
» Lieux, autant que faire fe pourra....
» Donné à Monceaux, le 16. Septem-
» bre l'an de grace 1634, & de notre
» Régne le vingt-cinquiéme.

Le même jour on expedia cette commiffion à ceux que le Roi de France avoit
choifis pour Confeillers.

» Louis &c. à nos Amés & Féaux les
» fieurs, Charpentier Confeiller de notre
» Confeil d'Etat, & Préfident en notre
» Cour de Parlement de Metz , Gobe-
» lin auffi Confeiller en notre dit Con-
» feil d'Etat, Maitre de Requêtes ordi-
» naire de notre Hôtel, & Intendant
» de la Juftice en notre Armée de Lor-
» raine ; Maitres de Bullion, Marefcot,
» Frémin , Merault , Malle-Branche ,
» Gautier, Morillon, Fouquet, Royer,
» Arnauld, Joly, le Fevre Intendant de
» de nos Finances en Lorraine, Machault,
» Colombel, de la Mothe , Corberon ,

» le Ragois, Salut. Nous avons par nos
» lettres de déclararion en datte de ce
» jourd'hui , & pour les caufes, & con-
» fidérations y contenuës, créé & érigé,
» par provifion , & jufqu'à ce que nous
» y ayons autrement pourvû, un Confeil
» Souverain en la Ville de Nancy, Ca-
» pitale de Lorraine, tant pour la dif-
» tribution de la Juftice Souveraine fous
» notre autorité, que pour connoître de
» la Police, affaires du Domaine, impo-
» fitions, Aides, Tailles, & Finances ,
» & de toutes chofes généralement quel-
» conques, dont la connoiffance appar-
» tenoit au Confeil d'Etat, Cour de Par-
» lement, Chambre des Comptes, Cour
» des Aides, *& autres Jurifdictions Sou-*
» *veraines ci-devant établies en Lorraine...*
» au moyen de quoi étant néceffaire de
» faire choix de quelques perfonnages de
» fuffifance, probité & intégrité con-
» nuës, qui puiffent s'acquiter defdites

" charges felon notre intention , au bé-
" néfice & foulagement des Habitans de
" ladite Ville de Nancy, & Païs de Lor-
" raine ; nous avons eftimé ne pouvoir
" jetter les yeux fur perfonnes plus dignes
" que vous pour ce fujet .... à ces caufes
" nous vous avons commis & député......
" pour reconnoître & Juger par vous ,
" toutes affaires de Police, Domaine ,
" impofitions, Aides, Tailles, & Finan-
" ces qui fouloient reffortir & dont la
" connoiffance appartenoit aufdits Con-
" feil d'Etat, Cour de Parlement, Cham-
" bre des Comptes, Cour des Aides , &
" *autres Jurifdictions Souveraines du Païs*
" *de Lorraine....* &c. Donné &c.

Louis XIII. attribua donc au Confeil
Souverain de Nancy, la connoiffance de
toutes les affaires qui reffortiffoient *au*
Confeil d'Etat, Cour de Parlement, Cham-
bre des Comptes, Cour des Aides , & au-
tres Jurifdictions Souveraine ci-devant éta-
blies en Lorraine.

Dans cet Edit de création, le Prince ne nomma pas le Tribunal des Affifes, il ne parla point des Gentilshommes de l'ancienne Chevalerie, quoique ce nouvel établiffement fut une vraye fuppreffion de leur Jurifdiction, il fe contenta de les indiquer vaguement dans cette claufe générale, *autres Juges Souverains.....autres Jurifdictions Souveraines ci-devant établis en Lorraine.*

Les anciens Chevaliers s'apperçurent que cette claufe les concernoit feuls, puifqu'après le Confeil d'Etat, le Parlement de St. Mihiel, la Chambre des Comptes, & la Cour des Aides qui font expreffément rappellés dans l'Edit, il n'y avoit plus en Lorraine que le Tribunal des Affifes qui jugeat Souverainement, fi l'on en excepte cependant la Cour Souveraine de Commercy appellée les grands jours, de la fuppreffion de laquelle on ne peut dire qu'il ait été queftion dans la

clauſe générale, *& autres Juges Souve-*
rains ci-devant établis en Lorraine, puiſque cette Cour a ſubſiſté depuis l'Edit
ſans aucun changement, juſqu'en 1729.

Attribuer au Conſeil Souverain la Ju-
riſdiction des *autres Juges Souverains ci-*
devant établis en Lorraine, c'étoit donc
lui attribuer déterminément la Juriſdic-
tion de la Chevalerie, c'étoit ſubſtituer
ce nouveau Tribunal à l'aſſemblée des
Aſſiſes ; auſſi lorſque les Chevaliers voulurent reprendre leurs fonctions ordinai-
res, on fit ſi bien valoir contre eux la
force & l'étenduë de cette clauſe, qu'aulieu de demander la continuation de leurs
Priviléges, il fallut en ſolliciter le réta-
bliſſement.

L'année ſuivante Charles IV. qui
étoit à Sierck, nomma pour exercer Souverainement auprès de lui la Juſtice dans
tous ſes états, un Préſident de ſon Parlement de St. Mihiel.

Le 7. Mai 1641, il créa une Cour Souveraine, elle fut ambulatoire (*a*), le 26. Mars 1661, il la fixa à Nancy, & lui attribua la même autorité, la même Jurisdiction que Louis XIII. avoit donnée à son Conseil Souverain. *Nous lui donnons,* dit Charles dans son Edit, *toute Jurisdiction. . . . . dont lés Juges Souverains établis par S. M. T. C. souloient connoître & ont connu durant que ses Armes ont occupé nos Etats.*

La Cour succeda donc au Conseil, comme le Conseil avoit succedé au Tribunal des Assises. Cet établissement se soutint jusqu'en 1670, où l'absence du Prince, de nouveaux troubles arrivés dans l'Etat, suspendirent les fonctions de la Cour Souveraine qui fut enfin rétablie, ou plutôt confirmée dans tous ses droits,

_____

(*a*) On appella cette Cour *ambulatoire* parcequ'elle tenoit ses Séances, tantôt à Sierck, tantôt à Vaudrevange, tantôt à Longvvy, tantôt à Luxembourg.

le 12. Février 1698, par une Ordonnance du Comte de Carlinfort repréfentant
le Duc Léopold en Lorraine.

La Chevalerie n'avoit point vû d'un
œil indifférent des changemens qui lui
enlevoient le plus beau de tous fes Priviléges. Dès 1634, elle avoit fait de pré-
fantes remontrances à Louis XIII, elle
en adreffa de femblables à Charles IV;
mais elles furent auffi inutiles auprès du
Duc, qu'elles l'avoient été auprès du Roi
de France.

Après la paix des Pyrenées concluë en
1659, Charles IV. rentra dans fes Etats.
Perfuadés que cet heureux évenement
améneroit une révolution en leur faveur,
les Chevaliers s'affemblerent à Liverdun,
ils créerent des Promoteurs pour agir au
nom du corps, mais Charles l'ayant fçu,
il établit deux Chambres de Parlement
pour faire le procès aux Auteurs de cette
affemblée, on exila le Baron de Saffre

l'un des Promoteurs , le Comte de Ludres & quelques autres furent rélégués
dans leurs Châteaux.

Malgré cette féverité du Prince, les Chevaliers s'aſſemblerent de nouveau (a) ,
& pour dérober au Duc le nom des Chefs ,
ils fignerent tous en rond , & députerent
Tornielle Comte de Brienne , & quelques autres Gentilshommes à Charles qui
alors étoit à Bar ; loin de les écoûter ,
il leur fit dire par l'Enfeigne de ſes Gardes,
de fortir de la Ville à l'heure même (b).

Le Duc étant allé à Paris pour travail-
ler au mariage du Prince Charles de Lorraine ave Mademoifelle de Nemours ;
la Chevalerie crut cette circonſtance favorable à fes deſſeins, elle envoya pour
députés, les Comtes de Raigecourt , &

(a) Les Mémoires du Marquis de Beauvau n'indi-
quent point le lieu de l'aſſemblée.

(a) Mémoires du Marquis de Beauvau p. 186. &
187.

de Mauleon qui ne furent pas écoutés.

Charles IV. revenu en Lorraine, consentit que les anciens Chevaliers s'assemblassent à Jarville près de Nancy. L'assemblée à peine commencée, le Parlement de concert, à ce que l'on crut, avec le Duc, rendit un Arrêt pour la rompre ; Dom Calmet prétend même que l'on envoya des Soldats à discrétion dans les Châteaux de tous les Gentilshommes qui s'y étoient trouvés (a); je ne voudrois pas garantir la vérité de ce dernier fait, trop injurieux à la mémoire d'un Prince juste, quoiqu'absolu.

La France à qui Charles IV. avoit cédé la Lorraine, permit à la Noblesse de s'assembler à Pont-à-Mousson, ou à Nancy, de rétablir même les Assises, à condition qu'elle se déclareroit en faveur du Roi ; l'assemblé se tint, & les offres

(a) Hist. de Lorr. Tom. II. Dissert. sur la Noblesse de Lorr. p. 17. art. 27.

de la France ne furent pas acceptées.

Charles IV. revenu dans ſes Etats, en
1662, fit entendre aux anciens Chevaliers qu'il ne vouloit pas abolir leurs prérogatives, mais les reſtraindre, mais cor-
riger les abus. La Chevalerie s'aſſembla
donc à Pont-à-Mouſſon, pour remedier à
ces prétendus abus; le Prince de Liſle-
bonne aſſiſta de la part du Duc à cette
aſſemblée qui députa de Ludres, de Vian-
ges, & Déſarmoiſes de St. Baſlemont.
Après pluſieurs conférences on ſe ſépara
ſans rien conclure.

» Pour moi qui avoit bien prévu tout
» cela, dit le Marquis de Beauvau dans
» ſes Mémoires (a), je me conſolai par
» le Conſeil que je m'étois donné à moi-
» même de ne me point mêler dans
» cette affaire dangereuſe, & de ne m'ê-
» tre pas voulu trouver à leur aſſem-

(a) p. 235.

» blée, ayant appris qu'ils avoient réfo-
» folu de me faire un de leurs députés.

La Chevalerie s'affemble une feconde fois , & par une délibération fignée du Marechal du Chatelet , de Mercy , de Seraucourt , de Gournay , de Hautoi , Mitry , de Viange , de Haraucourt , de Bildeftein , de Raigecourt , de Bouzey , de Cuftine , de Défarmoifes de Commercy , de Rouffel de Varnéville , de Ludres , de Rousselle de Landres , de Lavaulx , de Port-fur-Seilles , de Dubuchet , de Mauléon , d'Ourches , de la Baftide , de St. Ignon , & de Fontaine , on députa de Raigecourt , de Bouzey , de Ludres , Défarmoifes , de Viange , de Gournay , de Cuftine , de Seraucourt , & d'Igny Comte de Fontenoi. Les députés allerent à Mirecourt où le Duc Charles tenoit fa Cour alors , ce Prince leur fit un acceüil obligéant , & nomma trois de fes Confeillers d'Etat, Prud'homme, l'Abbé, & Mainbourg pour entrer en conférence avec eux.

Les Conférences se tinrent à St. Nicolas, Simon d'Igny Comte de Fontenoi, ouvrit la premiére par un discours très éloquent sur l'antiquité des Priviléges de l'ancienne Chevalerie , sur la maniére sage dont elle en avoit toujours usé ; il produisit les Titres originaux & sur-tout les Lettres Patentes accordées par René I. en 1430, les Lettres de confirmation des Princes qui lui avoient succédé , & en particulier celles que Charles IV. avoit données lui-même le 20. Mars 1626. Custine de Pontigny qui parla ensuite, avec autant de dignité que son Collégue venoit de le faire , produisit des Actes publics de Jurisdiction dressés de tems immémorial par les Chevaliers , & en donna des Copies aux Commissaires du Duc.

Les Conférences finies , les Chevaliers

allérent à Mirecourt pour appuyer le rapport des Commiſſairés, & pour faire valoir leurs prétentions, mais toujours in-
fructueuſement ; Charles éluda leurs de-
mandes par des lenteurs étudiées, &
comme dit Dom Calmet (*a*), il trouva
moyen en contentant la France, de mé-
contenter ſans riſque les plus puiſſans de
ſes Sujets.

Dom Calmet prétend (*b*), que Léopold en montant ſur le Trône confirma
les Priviléges de l'ancienne Chevalerie,
cependant il eſt certain qu'il ne rétablit
point les Aſſiſes ; Dom Calmet nous dit
lui-même ailleurs (*c*), que Léopold
rentré dans ſes Etats en 1699, *laiſſa les
choſes ſur le pied que la France les y avoit
miſes*, & que l'ancienne Chevalerie déja

(*a*) Hiſt. de Lorr. Tom. II. Diſſert. ſur la Noblef-
ſe p xix.

(*b*) Tom. 6. Regne de Léopold.

(*c*) Tom. II. Diſſert. ſur la Nobleſſe.

accoutumée

accoutumée à un gouvernement tout différent , ne fit plus de si fortes inftances
pour le rétabliffemeut de fes prérogatives.
Quoiqu'il en foit , fi Léopold ne fit pas
revivre les Droits des Chevaliers, il cher-
cha à les dédommager , il voulut les leur
faire oublier à force de bienfaits.

C'eft ainfi qu'on fupprima les Affifes,
& qu'après fix cens ans ou environ, d'u-
ne poffeffion paifible, & non interrom-
puë , les anciens Chevaliers cefferent d'ê-
tre nos Juges & de joüir des Priviléges
attachés à cette qualité.

Par tout ce qu'on a dit jufqu'ici, on
voit donc que les anciens Chevaliers de
Lorraine qui commençerent à former un
corps féparé du refte des Nobles fur la
fin de l'onziéme fiécle , étoient des Gentilshommes d'une Nobleffe fi ancienne
qu'on ne pouvoit en découvrir l'Origine ,
mais ils prouvoient une poffeffion de tems
immémorial, par une fuite d'Ancêtres

I

diftingués par leur naiffance, leur valeur, leurs emplois; ils prouvoient leur def- cendance de ces Ancêtres, par la confor- mité du nom, des Armes, des Sceaux, des Écuffons, de la couleur de la livrée, ou par d'autres marques diftinctives de leurs Maifons, comme les cris de guerre, le nom de leurs Seigneuries poffédées de Pere en Fils, fans interruption.

L'ancienne Chevalerie étoit nom- breufe.

Le Pere Meneftrier (*a*) en a donné une lifte dans laquelle il a oublié les Roche, les Viviers, les Coing, les Var- nebert, les Veroncourt, les Sirey, & les Saulx, que le fçavant Callot met au nombre des anciens Chevaliers (*a*); les Duval, les Vafprich, les Beliup, les Creve ou d'Horville, & les Defours,

(*a*) Traité de la Nobleffe, ch. x.
(*b*) Receüil des Armes, & Blafons de l'ancienne Chevalerie de Lorr.

qui affifterent aux Affifes de 1594 (a);
les St. Ignon qui fe trouverent aux af-
femblées de l'ancienne Chevalerie à Pont-
à-Mouffon ; les Lavaulx qui occupoient
anciennement la troifiéme place dans les
Affifes du Duché de Luxembourg, & qui
depuis 1350, époque de leur arrivée
dans ce Païs, ont toujours affifté aux
Affifes de Lorraine ; les Jainville, & les
Turqueftein que l'on reçut en qualité
d'anciens Chevaliers aux Etats du 13.
Décembre 1425, & du 19. Septembre
1435 (b) ; les Barat, les Duhan de
Martigny, les Faltan, les Gourcy, les
Landrexécourt, & les Maizerot, ou
Mazurot, dont on lit les noms dans prefque tous les Régiftres des Affifes de Nan-

(a) V. le procès verbal de la tenuë des Etats à la
fin de la Cout. de Lorr.

(b) Chartes de Lorr. Fol. 1-2. 4. & 5. d'un grand
Cartulaire intitulé, *Coutumes en hérittemens, états*
généraux, Mariages, Teftamens.

cy, & des Affifes de Vofges en 1556,
1557, 1558, & 1559.

L'ancienne Chevalerie étoit puiffante,
elle avoit fes fujets fur lefquels les Ducs
ne pouvoient lever de fubfides fans fon
confentement.

On voit par les Affifes de 1529, que
les Ordonnances, & les Réglemens pour
la Police de l'Etat, & l'adminiftration
de la Juftice, fe faifoient aux Affifes; à
la Requête, & fur les Remontrances des
Nobles & du tiers Etat.

Le Duc Charles II. qui ordonna dans
un de fes Teftamens, qu'après fa mort
Ifabelle fa Fille, époufe de René, feroit fon
héritiére à la Couronne, ajouta, comme
une claufe effentielle, qu'au cas qu'elle
ne laifferoit point d'enfans, le Duché paf-
feroit à la Princeffe Catherine, Marquife
de Bade, & qu'à *fon deffaut*, il feroit
remis aux anciens Chevaliers pour le

donner *au plus proche héritier du Duc Charles* (a).

Quelques années après, ce Prince fit figner à René fon Gendre, une déclaration par laquelle René, conformément au Teftament de Charles, promettoit que fi la Ducheffe Ifabelle mouroit fans enfans, il rendroit la Lorraine à la Princeffe Catherine & *à fon défaut* aux anciens Cheliers qui choifiroient pour leur Souverain *le plus proche héritier du Duc Charles* (b).

Toutes ces précautions ne raffurant pas encore le Duc, il fit affembler l'ancienne Chevalerie au mois de Décembre 1425, il l'engagea à déclarer dans un Acte authentique, qu'à défaut de Mâles les Femelles pouvoient hériter *du Duché & Seigneurie de Lorraine*, & à promettre avec ferment, qu'après fa mort elle reconnoîtroit *pour Dames & Souveraines de*

(a) Hift. de Lorr. l. xxviij. n. III. an. 1431.
(b) Ibid.

Lorraine, premiérement la Princeffe Ifabelle, enfuite la Princeffe Catherine, au
cas qu'Ifabelle moureroit fans enfans (*a*).

L'ancienne Chevalerie fit cette déclaration le 13. Décembre 1425 , l'Acte
eft figné de quatre-vingt-trois Chevaliers.

Pendant la prifon du Duc René, en
1431, la Ducheffe fon Epoufe étant al-
lée à Vezelife pour convenir d'une nouvelle Tréve avec le Comte de Vaudémont qui avoit battu René à la Bataille
de Bulgneville, on nomma fix Gentilshommes de l'ancienne Chevalerie pour
gouverner l'état, & pour terminer les
conteftations qui divifoient le Duc René
& le Comte de Vaudémont, au fujet de
la Couronne de Lorraine, que l'un & l'autre prétendoient.

Les Chevaliers nommés acceptérent le
gouvernement du Païs , mais ils refufé-

(*a*) *Ibid.*

rent d'être les Juges ou les Arbitres des prétentions réciproques des deux Princes (a).

En 1435 (b), il y eut une grande affemblé de la Chevalerie, au fujet de la détention du Duc René toujours prifonnier du Duc de Bourgogne ; le réfultat fut que les Chevaliers prodigueroient & leur vie, & leurs biens pour l'élargiffement du Prince (c) : & en effet, les fubfides qu'on levoit en Lorraine depuis un an pour la rançon de René ne fuffifant point, les Chevaliers l'année fuivante, fe cottiférent à l'envi, & fe firent un devoir de contribuer à la liberté de leur Souverain, l'un d'eux engagea même toutes fes Terres, & donna pour fa part

(a) Hift. Mf. de René I.

(b) Le 19. Septembre.

(c) Archives de Lorr. Layette 3 & 4. Etats généraux, Monftrelet. c. 7. Fol. 117.

dix-huit mille Salus d'Or (*a*) ; l'Histoire qui conferve tant de noms indignes de vivre dans la pofterité, ne nous a pas tranfmis celui de ce Seigneur (*b*).

Le traité d'accomodement entre le Duc de Lorraine & celui de Bourgogne fut arrêté au mois de Février 1436, & pour fureté de l'éxécution de ce Traité, le Duc de Bourgogne exigea les Scellés de quarante Gentilshommes de l'ancienne Chevalerie, parmi lefquels il y avoit un Lenoncourt, un du Chatelet, deux Ligniville, un d'Haraucourt, deux d'Hauffonville, un Ludres, un Breffey, un Linange, un Sampigny, & un Parroye.

Une longue guerre ayant épuifé les Fi-

(*a*) Le *Salus* nommé ainfi, parce qu'il portoit l'empreinte d'une Annonciation, étoit une Monnoye frappée en France par Henri VI. Roi d'Angleterre, fon poids étoit de trois deniers un grain, & fa valeur de vingt-cinq fols Tournois.

(*b* (Vie Mf. de René, Archives de Lorr. Layette cottée, *Rançon du Duc René.*

nances de Charles III. & augmenté les
dettes de l'État, quelques-uns de ses Conseillers lui proposérent de réduire au dénier vingt les intérêts des Contrats qui
étoient au dénier quatorze, c'est-à-dire
de fixer à cinq pour cent, les intérêts qui
jusqu'alors avoient été à sept pour cent ;
l'expédient étoient facile à un Souverain,
il lui ouvroit un moyen sûr de rétablir ses
Finances, dans un tems sur tout où la
misére des peuples ôtoit toute espérance
de pouvoir créer de nouveaux impôts ; mais le Marquis de Beauvau, le
Comte Désarmoises & le Comte de Salm
s'y opposérent : le Marquis de Beauvau
représenta que les conventions étant des
chaines respectables qui lient les Souverains comme les autres hommes, toute
la puissance de Charles ne pouvoit le
dispenser de remplir à la lettre les en-
gagemens contractés avec ses créanciers ;
que réduire les intérêts de leurs Contrats,

ce feroit évidemment abufer de leur
bonne foi, & détruire toute confiance entre le Prince & les particuliers, que la
prochaine affemblée des Affifes ne con-
fentiroit jamais à un réglement femblable ; il finit en difant, que comme il étoit
fûr de n'être pas défavoué par les anciens
Chevaliers, il offroit en leur nom de remettre dans les Coffres du Duc, tout
l'argent qui pouvoit lui revenir de cette
réduction à cinq pour cent, & qu'il al-
loit fe cottifer le premier pour donner
l'exemple aux autres (a).

Le Comte de Salm, après avoir approu-
vé les offres du Marquis de Beauvau,
ajouta que loin de donner fon confentement à la réduction propofée, il prendroit
les armes pour maintenir la foi publique, & l'honneur de fon Souverain (b).

(a) Mémoire manufcrits d'Elifée d'Haraucourt,
gouverneur de Nancy fous Henri. II.
(b) Hift. de Lorr. Tom. IV. l. xxxiv. n. clxxvij
an. 1607. p. 888.

Charles avoit déja trouvé l'expédient illégitime , il fit connoître qu'il ne le mettroit pas à éxecution , il n'accepta pas même les offres généreuſes des anciens Chevaliers , perſuadé qu'il ne falloit point chercher dans la bourſe de ſes ſujets des reſſources qu'il croïoit pouvoir trouver dans l'arrangement & dans l'économie ; il parvint à acquitter ſes dettes, ſans les faire payer par ſon peuple.

Ces événemens particuliers nous prouvent qu'elle étoit l'autorité de l'ancienne Chevalerie & quel uſage elle ſçavoit en faire.

Lorſque deux Princes ſe diſputoient la Couronne de Lorraine, elle faiſoit pancher la balance à coup ſûr du côté de celui pour lequel elle ſe déclaroit ; mais ſa puiſſance ne diminua jamais rien de ſa ſoumiſſion , de ſon attachement à nos Princes. On voit dans les Mémoires du Marquis de Beauvau, avec quel zéle elle fervit conftamment Charles IV. malgré les fujets de mécontentement qu'elle recevoit de ce Prince dans toutes les occafions. L'amour pour fon Souverain qui caractérifa toujours la Nation Lorraine, auroit-il pû s'effacer dans le cœur de ceux qui en étoient les chefs, & qui paroiffoient ne vouloir s'élever au-deffus du peuple, que par plus de fentimens & plus de vertu.

Après avoir indiqué en général l'Origine de la Nobleffe, les Priviléges qu'elles donne, il ne nous refte plus qu'à dire en très peu de mots comment on peut la perdre.

Comment on perd la Nobleffe.

Nos Ordonnances fur cet objet font peu différentes des Ordonnances de France.

Comme la Nobleffe s'acquiert, ou doit s'acquérir par la vertu, elle fe perd par le crime; Mais comme la vertu feule ne rend pas Noble, & qu'il faut encore des

lettres Patentes du Prince ; le crime
feul chez le Noble ne le dégrade pas de
la Nobleſſe, il faut que la condamnation
fuive le crime, qui n'eſt cenſé prouvé,
que lorſque la puiſſance légiſlative le
fait punir publiquement. François I. Roi
de France, condamna un Gentilhomme à
perdre ſa Nobleſſe pour toujours, parce
qu'il avoit eu la lacheté de rendre Fonta-
rabie dont la garde lui avoit été com-
miſe (a). René II. Duc de Lorraine pro-
nonça la même condamnation contre un
Gouverneur de Pont-à-Mouſſon qui avoit
Capitulé avant d'être aſſiégé (b.).

Les enfans perdent-ils la Nobleſſe par
le crime de leur Pere ? les Juriſconſultes
décident communément que lorſque la
Nobleſſe ne vient pas du Pere, & que
lui-même l'a reçuë de ſes Aïeux, alors la
condamnation infamante qu'il encourt,

(a) Coquille, queſtions & réponſes, ch. 257.
(b) Hiſt. Manuſc. de René II.

fut-ce pour crime de léze Majefté, ne ré-
jaillit point fur fes enfans, à moins que le
Jugement ne le porte en termes exprès.
Mais lorfque le Pere a été Annobli, les
enfans par fa condamnation, ou par fa
dégradation, retombent dans la roture
d'où il les avoit tirés (*a*).

On perd encore la Nobleffe en exer-
çant des emplois, ou des profeffions qui
dérogent à fa pureté.

Une Ordonnance de Charles III. du 5.
Novembre 1595, défend aux Gentilshommes de prendre des Fermes du Domaine, ou de s'y affocier.

Nous avons une autre Ordonnance du
même Prince publiée en 1599, fur les
différentes efpéces de dérogeance à la
Nobleffe; par cette Ordonnance, le Souverain déclare contribuables aux Aides
généraux, tous ceux qui au mépris de leur

___

(*a*) Le Grand, fur la Cout. de Troïes Tit. 1. art.
11. Gloffe iij. n. 42.

qualité de Nobles, exerçent des Actes méchaniques, serviles, ou de roture; tous ceux qui directement ou indirectement, font profession d'acheter & de revendre des marchandises, soit en gros, soit en détail, en public ou en particulier, dans une ou plusieurs boutiques. Il excepte cependant, ceux qui achetent des denrées ou des provision pour leur famille, & qui souvent font obligés de les revendre, de crainte de déperissement. Le Prince déclare encore contribuables aux Aides généraux & indignes du titre de Nobles *ceux qui font le métier d'Hôteliers, de Cabaretiers, d'Artisans,* ceux qui cultivent, ou qui font cultiver les Terres des autres, qui prennent des Amodiations *pour trafiquer,* tous ceux-là font dégradés de la Noblesse, eux & leurs enfans; *ce que toutefois,* dit l'Ordonnance, *n'entendons & ne voulons se pouvoir étendre à leurs enfans déja nés ausquels la qualité*

de 'Noble étant acquife , nous voulons qu'ils en joüiffent en vivant Noblement.

Malgré cette Ordonnance, le Duc Henri II. permit le commerce aux Gentilshommes en 1622, mais fon Succeffeur (*a*) revoqua cette permiffion.

Ainfi , certains états qui dans un tems paroiffent trop obfcurs pour pouvoir fe concilier avec l'éclat de la Nobleffe, ceffent de le paroître dans un autre. On fçait que fous nos anciens Ducs, les Notaires, & les Clers jurés étoient des Gentilshommes , on fçait qu'à Metz le même ufage a fubfifté très long-tems, les premiers Gentilshommes de la Ville étoient Notaires, ce font ce font ceux que l'on a appellé *Amans* (*b*); Jean de Mont-Luc a été Greffier du Parlement de Paris, c'eft le premier qui a fait des Receüils

(*a*) Charles IV.

(*b*) Cronique du Doïen de St. Thiebaut. Chronique de Metz.

d'Arrêts que l'on appelle les *Olim* (a).

Ce font là des points d'adminiftration & de légiflation afsés indifférents en eux-mêmes ; le tems, les circonftances, le Génie des peuples font la Loi détermiminante. Permettre aux Nobles indiftinctement & en général, le commerce & lés arts méchaniques, c'eft diminuer les reffources des artiftes, & des commerçans roturiers ; les leur interdire, de quelques forte & dans quelques circonftances que ce puiffe être, c'eft ôter des moyens de fubfifter à une illuftre portion de Citoyens, que l'indigence ne dégrade que trop fouvent.

(a) Abregé Chronol. de l'Hift. de France Tom. I.
p. 207.

K

LISTE
DES MAISONS
DE L'ANCIENNE
CHEVALERIE
DE LORRAINE.

N a dressé cette Liste sur trois autres ; la premiére publiée en 1630, par M. de Serocourt Gentilhomme de l'ancienne Chevalerie ; la seconde faite par le Pere Menestrier, & rapportée dans le Dixiéme

chapitre de fon Traité de la Nobleffe ;
la troifiéme composée par Dom Calmet,
& rapportée dans fon Hiftoire de Lorraine,
Tom. V. Differt. fur la Nobleffe de Lorr.
Chap. VIII. p. CCLXI. Ce que ces deux
derniers ont de défectueux , on l'a corri-
gé, fur le receüil de Calot, un extrait
des Affifes de 1594, un Procès-verbal
de la derniére affemblée de la Chevalerie
à Pont-à-Mouffon, & fur le réfultât des
Etats du 13. Décembre 1425, & du 19.
Septembre 1435.

On ne prétend point dire que les Maifons qui fuivent ayent été les feules de
l'ancienne Chevalerie , mais uniquement,
que toutes celles dont on donne la Lifte,
ont eu leur entrée aux Affifes; peut-être
en eft-il d'autres dont les Noms ne font
point parvenus jufqu'à nous ; d'autant plus
que nous n'avons de Régiftres des caufes
jugées aux Affifes , que depuis le quinziéme fiécle ; peut-être eft-il encore au-

jourd'hui parmi nous plusieurs Maisons d'une Origine inconnuë, dont on cherchera en vain les Noms dans cette Liste, parceque n'étant venuës en Lorraine que depuis 1635 seulement, date de la suppression des Assises, elles ne pouvoient être aggrées à un corps qui ne subsistoit plus.

D'ailleurs, pour Siéger aux Assises, il ne suffisoit pas au Gentilhomme étranger de prouver & l'antiquité & l'illustration de sa Maison, il falloit qu'il descendit par sa Mére, de l'ancienne Chevalerie. Ainsi il seroit possible que des Gentilshommes venus en Lorraine avant la suppression des Assises, ayant tous les dégrès de Noblesse nécessaires, n'eussent cependant point Siégé aux Assises, uniquement parceque leur Mere n'auroit point été Fille d'un ancien Chevalier.

Des deux cent quatre - vingt onze

Maiſons qui compoſent cette Liſte (*a*),
la plûpart ſont éteintes, on ne les a point
marquées, chacune en particulier, de
crainte de ſe tromper ſur un point ſi dé-
licat ; on s'eſt contenté d'indiquer le Païs
où chaque Maiſon a pris ſon Origine ;
les erreurs ſur cet objet (s'il nous en eſt
échappé) ne tirent point à conſéquence.
Il eſt aſſés indifférent de quelle contrée
une Maiſon ſoit originaire, pourvû que
cette Maiſon ſoit illuſtre.

A

Aboncourt, Originaire de Lorraine.
Aigremont, orig. de Champagne.

(*a*) On a dit dans la premiére partie de cette Diſſertation, p 30 l 7, qu'il y avoit deux cent quatre-
vingt-ſix Maiſons de l'ancienne Chevalerie, ici l'on
dit qu'il y en avoit deux cent quatre-vingt onze, c'eſt
une faute, non de l'Imprimeur, mais de l'Auteur mé-
me qui a découvert depuis l'impreſſion de la premiére
partie de ſon ouvrage, cinq Maiſons qu'il ne connoiſſoit pas alors ; ainſi, il faut lire *deux cent quatre-vingt-
onze.*

Ainville, orig. de Lorraine.

Alamont, orig. de Luxembourg.

Amance, orig. de Lorraine.

Anglure, orig. de Champagne.

Agéviller, orig. de Lorraine.

Afpremont, orig. de Champagne.

Aviller, orig. de l'Evêché de Verdun.

Autel, orig. de Luxembourg.

Autremont, orig. de l'Evêché de Metz.

Autrey, orig. de l'Evêché de Metz.

Auzebourg, orig. de la Lorr. Allemande.

Ayne, orig. du Barrois.

B

Bainville, orig. de Lorraine.

Baiffey, orig. de Lorraine.

Barat, orig. de l'Evêché de Toul.

Barbay, ou Barbas, orig. de Lorraine.

Barezey, orig. de Lorraine.

Barizy, orig. de Lorraine.

Baffompierre, orig. d'Allemagne.

Baudoche, orig. de Metz.

Baudricourt, orig. de Lorraine.

Bayer Boppart , orig. de Tréves.

Bayon , orig. de Lorraine.

Bazemont , orig. de Lorraine.

Beaufremont , orig. de Lorraine.

Beauvau , orig. d'Anjou.

Beliup , orig. de Bar.

Belmont , orig. de Lorraine.

Bémont , orig. de Franche-Comté.

Bezancy , orig. de Luxembourg.

Bildſtein , orig. de Lorraine.

Billy , orig. de l'Evéché de Verdun.

Bioncourt , orig. de l'Evéché de Metz.

Bohan , orig. de la Lorraine Allemande.

Boulan , orig. de l'Evéché de Verdun.

Bourlémont , orig. de Lorraine.

Bourmont , orig. de Champagne ,

Boutillier , orig. de France.

Bouxiéres , orig. de Lorraine.

Bouzey , orig. de l'Evéché de Verdun.

Brantſcheit , orig. d'Allemagne ,

Briey , orig. de l'Evéché de Verdun.

Bromback , orig. d'Allemagne.

Bruxey, Brixey, ou Breffey, orig. de l'E-véché de Toul.

Buffegnécourt, orig. de Lorraine.

Bulgnéville, orig. de Lorraine.

Bygnicourt, orig. de Lorraine.

C

Camafiér, orig. de France.

Carelle, orig. de Champagne.

Ceilly, orig. de Bourgogne.

Chahanay, orig. de France.

Chambley, orig. de France.

Channexey, orig. de Champagne.

Châtel, orig. de Lorraine.

Châtenoy, orig. de Lorraine.

Chaufour, orig. du Barrois.

Chauvirey, orig. de Franche-Comté.

Chiny, orig. du Comté de Chiny.

Choifeul, orig. de Champagne.

Cirey, orig. de Lorraine.

Clémont, orig. de Champagne,

Clermont, orig. du Barrois.

Coing, orig. de l'Evêché de Metz.

Commercy, orig. du Barrois.

Conflans, orig. de l'Evéché de Verdun.

Craincourt, orig. de l'Evéché de Metz.

Crantz, orig. d'Allemagne.

Créange, orig. d'Allemagne.

Creve, Creuve, ou d'Horville, orig. de
l'Evéché de Verdun.

Croüy, ou Croy, orig. de Flandre.

Cuffigny, orig. du Barrois.

Cuftine, orig. de l'Evéché de Liége.

D

Daguerre, orig. de Lorraine.

Damas, orig. de Bourgogne.

Dammeleviére, orig. de Lorraine.

Darnieulles, orig. de Lorraine.

Défours, orig. de Lorraine.

Défarmoifes, orig. de Flandre.

Desboües, orig. de Champagne.

Deth, orig. de Luxembourg.

Defche, orig. de Luxembourg.

Defporcelets, orig. de Provence.

Défalles, orig. du Bearn.

Defvieux, orig. du Barrois.

Deuilly, orig. de Lorraine.

Deullange, orig. de l'Evéché de Metz.

Dinteville, orig. de Champagne.

Domballe, orig. de Lorraine.

Dommartin, orig. de Lorraine.

Duhan de Martigny, orig. du Verman-
dois.

Doncourt, orig. de Lorraine.

Dongeu, orig. de Champagne.

Dubuchet, orig. de Lorraine.

Dufay, orig. de l'Evéché de Verdun.

Duhautoy, ou de Hautoi, orig. de Luxembourg.

Dung, orig. du Barrois.

Duval, orig. de Champagne.

Dyetz, orig. d'Allemagne.

E

Epinal, orig. de Franche-Comté.

Effey, orig. de Lorraine.

F

Failly, orig. de l'Evéché de Verdun.

Faltan , orig. de Franche-Comté.

Félin, orig. du Barrois.

Feltzberg, orig. de la Lorraine Allemande.

Fenétrange, origin. de la Lorraine Allemande.

Fiquémont, orig. de Lorraine.

Fléville, orig. de Lorraine.

Florainville, orig. de Luxembourg.

Forcelle orig. de Lorraine.

Forcheu , orig. du Barrois.

Foul , orig. de l'Evéché de Toul.

Foults, , orig. du Barrois·

Frénaux, orig. du Barrois.

Frénel, ou Franelle , orig. de Lorraine.

Frontenoy, orig. de Lorraine.

G

Gallian, orig. d'Italie.

Gerbéviller, orig. de Lorraine.

Germiny, orig. de Lorraine.

Gironcourt, orig. de Lorraine.

Gourcy, orig. de Luxembourg.

Gournay, orig. de Metz.

Grancy, orig. de Bourgogne.

Guermange, orig. de la Lorraine Allemande.

H

Halſtat, orig. d'Allemagne.

Harange, orig. de Lorraine.

Haraucourt , orig. de Lorraine , ſelon
pluſieurs, & d'Allemagne, ſelon quelques autres.

Harnoncelle, orig. de l'Evéché de Verdun.

Haroüé, orig. de Lorraine.

Hauſſonville, orig. de Lorraine.

Haute Roche, orig. d'Auvergne.

Helmſtat, orig. du Palatinat.

Herbéviler, orig. de Lorraine.

Herberſtein, orig. d'Alſace.

Heu, orig. de Metz.

Hoüecourt, orig. de Lorraine.

Houſſe , orig. de Limbourg.

Hunoldſtein, orig. d'Allemagne.

I

Jainville, orig. de Champagne.

Jalacourt, orig. de l'Evéché de Metz.

Jandelaincourt, orig. de Lorraine.

Jauny, orig. de Lorraine.

Igny, orig. de Champagne.

Juſſey, orig. de Franche-Comté.

L

La Grandfaux, orig. de Champagne.

Lajaille, orig. d'Anjou.

La Marche, orig. de Lorraine.

La Marck, orig. de Vetſphalie.

La Mothe, orig. de Lorraine.

Landre, orig. de Lorraine.

Landrexécourt, origin. de l'Evéché de Verdun.

Lapierre, orig. de Flandre.

La Rappe, orig. du Barrois.

La Roche, orig. d'Ardenne.

La Tour en Voivre, orig. de l'Evéché de Verdun.

La Tour Landry , orig. de France.

Lavaulx , orig. de Luxembourg.

Launoy, orig. de Franche-Comté.

Lencourt , orig. de Lorraine.

Lenoncourt, orig. de Lorraine.

Létricourt , orig. de Lorraine.

Lœwenftein , orig. du Palatinat.

Liebeftein , orig. d'Allemagne.

Ligniville , orig. de Lorraine.

Ligny, orig. de Champagne.

Linange, orig. d'Allemagne.

Lifferas, orig. de Guyenne.

Livron , orig. du Dauphiné.

Longeville , orig. de l'Evéché de Metz.

Louppy , orig. du Barrois.

Loyon , orig. de Champagne.

Lucy , orig. de Lorraine.

Ludres , orig. de Bourgogne.

Lunéville , orig. de Lorraine.

Lutzelbourg, orig. de Luxembourg.

Luxembourg, orig. de Luxembourg.

Lyocourt , orig. de l'Evéché de Metz.

M

Madruche, orig. d'Italie.

Mais, orig. de Metz.

Mailly, orig. de l'Evéché de Metz.

Maizerot, ou Mazurot, orig. de Lorraine.

Malain, orig. de Franche-Comté.

Malberg, orig. du Palatinat.

Mandre, orig. de Lorraine.

Manonville, orig. du Barrois.

Marchéville, orig. de l'Evéché de Verdun.

Marcoffey, orig. de Savoye.

Marley, orig. de Flandre.

Marteau, orig. de Champagne.

Mafaroy, orig. de Champagne.

Mauleon de la Baftide, orig. de Bifcaye.

Maugiron, orig. du Dauphiné.

Meny Latour, orig. de France.

Mercy, orig. de Luxembourg.

Mitry, orig. de Metz.

Mont-Clef, orig. de Champagne.

Montarby, orig. de Champagne.

Montbelliard, orig. de Virtemberg,

Montreux,

Montreux, orig. de Franche-Comté.

Montrichier, orig. de Franche-Comté.

Montſon, orig. de Champagne.

More, orig. d'Allemagne.

N

Nancy, orig. de Lorraine.

Nettancourt, orig. de Champagne.

Neuf-Château, orig. de Lorraine.

Neuf-Châtel, orig. de Franche Comté.

Noire Fontaine, orig. de Franche-Comté.

Norroy, orig. de Lorraine.

O

Oriocourt, orig. de Lorraine.

Orne, orig. de l'Evéche de Verdun.

Ourches, orig. de Lorraine.

Oxey, orig. de Lorraine.

Oyſelet, orig. de Franche-Comté.

P

Paſſen-Hoffe, orig. d'Alſace.

Palan, orig. de France.

Parroy, orig. de Lorraine.

Perelle, orig. de l'Evéché de Verdun.

Pierrefort, orig. du Barrois.

Pouilly, orig. de Champagne.

Pulligny, orig. de Lorraine,

R

Raigecourt, orig. de Metz.

Rampont, orig. du Barrois.

Raucourt, orig. de l'Evéché de Metz.

Raville, orig. de l'Evéché de Metz.

Richarminy, orig. de Lorraine.

Rinack, orig. d'Alface.

Ripelskrick, orig. d'Allemagne.

Riviére, orig. de Bourgogne.

Roche, orig. d'Ardenne.

Romalcourt, orig. de l'Evéché de Verdun.

Rofiéres, orig. de Lorraine.

Rouffel, orig. de Lorraine.

Ruppe, orig. du Barrois.

S

Sailly, orig. de l'Evéché de Metz.

Salm, orig. d'Ardenne,

Salvan, orig. de Lorraine.

Sampigny, orig. du Barrois.

Saucy, orig. de Lorraine.

Sarley, orig. du Barrois.

Sarnay, orig. de Bourgogne.

Saulx, orig. du Barrois.

Serocourt, orig. de Lorraine.

Serriéres, orig. de Lorraine.

Sierberg, orig. de l'Evéché de Trêves.

Sirey, orig. de Lorraine.

Sorbey, orig. de l'Evéché de Verdun.

Soüilly, orig. de l'Evéché de Verdun.

Sourgs, orig. du Barrois.

Sauxey, orig. du Barrois.

Stainville, orig. du Barrois.

St. Amant, orig. de Flandre.

St. Aftier, orig. de France.

St. Ballemont, orig. de Lorraine.

St. Belin, orig. de Champagne.

St. Blaife, orig. de Champagne.

St. Evre, orig. de Lorraine.

Ste. Houffe, orig. du Barrois.

St. Ignon, orig. de l'Evéché de Verdun.

St. Loup, orig. de Champagne.

St Mange; orig. de Lorraine.

St. Maury, orig. de France.

St. Seigne, orig. de Bourgogne.

T

Tantonville, orig. de Lorraine.

Tavagny, orig. de Lorraine.

Tellot, orig. de Franche-Comté.

Thuilliéres, orig. de Lorraine.

Tillon, orig. d'Anjou.

Tornielle, orig. du Milanez.

Torsviller, orig. d'Alsace.

Tonnoy, orig. de Lorraine.

Trestondan, orig. de Franche-Comté.

Turquestein, orig. d'Alsace.

V

Valhey, orig. de Lorraine.

Varnebert, orig. de l'Evéché de Tréves.

Vaudoncourt, orig. de Lorraine.

Ubexey, orig. de Lorraine.

Vendieres, orig. du Barrois.

Vicrange, orig. de l'Evéché de Tréves.

Vienne, orig. d'Ardenne.

Ville, orig. de Lorraine.

Viltz. orig. de Luxembourg.

Viviers, orig. de Champagne.

Wasbergs, orig. de Tréves.

Watronville, orig. de l'Evéché de Verdun.

Wiſſe, orig. de Lorraine.

X

Xaintonge, orig. d'Anjou.

Z

Zétern, orig. d'Allemagne.

LISTE

Des grands emplois qui prefque toujours ont été poſsé-
dés par des Gentilshommes
de l'ancienne Chevalerie ,
dans les Duchés de Lorraine
& de Bar.

Lieutenans généraux au Gouverne-
ment du Duché de Lorraine.

ERard de Ville, Chevalier ; étoit en
1220, Lieutenant général au Gouvernement du Duché de Lorraine, pour
les Ducs Thibaut II. & Mathieu II.

Brocard de Fenétrange étoit en 1346,
Lieutenant général au Gouvernement du

Duché de Lorraine, fous le Duc Jean premier.

Jean ou Thibaut de Blamont, Chevalier, fuccéda à Brocard de Fenétrange, en 1366.

Jean de Bouxiéres, Chevalier, étoit en 1392, Lieutenant général au Gouvernement du Duché de Lorraine, fous le Duc Charles II.

Jean de Nancy, ou de Lenoncourt, grand Ecuïer de Charles II. étoit Lieutenant général au Gouvernement du Duché de Lorraine en 1425.

Erard III. du Chatelet, Chevalier, étoit Lieutenant général au Gouvernement, & Régent du Duché de Lorraine, pour le Roi René d'Anjou, Duc de Lorraine, en 1437.

En 1461, le 7. Septembre, le Duc Jean II. établit Gouverneur & adminif-trateur du Duché de Lorraine, le Comte Ferri de Vaudémont.

Le Maréchal de Lenoncourt , & le Maréchal de Fenétrange , étoient Lieutenans généraux au Gouvernement des Duchés de Lorraine & de Bar, en 1465, pendant l'abfence du Duc Jean II.

Charles I. de Lenoncourt , Baron d'Ornes, étoit en 15... Lieutenant général au Gouvernement du Duché de Lorraine, pour le Duc Charles III. il fut tué au Siége de Jametz.

En 1698, le Maréchal François de Carlinford, Gouverneur du Duc Léopold, Grand-Maître de fon Hôtel , & Chef de fon Confeil; étoit Gouverneur pour ce Prince, des Duchés de Lorraine , & de Bar.

Lieutenans Généraux au Gouvernement du Duché de Bar.

Renauld de Bar Evêque de Metz, fut nommé Régent du Duché de Bar , en 1315.

Pilon, ou Philbert de Beaufrémont, étoit en 1414, Gouverneur général du Duché de Bar, pour le Cardinal Louis Duc de Bar.

Richard Défarmoifes, Chevalier, étoit en 1416, Gouverneur du Duché de Bar, fous le même Prince.

Philippe de Lenoncourt, Chevalier, étoit Lieutenant général au Gouvernement du Duché de Bar, pour René Roi de Sicile, Duc de Bar, en 1450.

En 1458, le même Prince établit pour Gouverneur du Barrois, Ferri de Lorraine, Comte de Vaudémont.

Maréchaux du Duché de Lorraine.

Erard du Châtelet, Chevalier, étoit Maréchal de Lorraine, en 1348.

Jacques d'Amance, Chevalier, Confeiller d'État, étoit Maréchal de Lorraine, en 1392.

Charles de Deully, Chevalier, étoit Maréchal de Lorraine, en 1414.

Jean d'Hauſſonville, Chevalier, étoit Maréchal de Lorraine, en 1419.

Huin de Bulgnéville, en 1425.

Renauld du Châtelet, en 1431.

Erard du Châtelet, Chevalier, Seigneur de Sereiz, étoit Maréchal de Lorraine, en 1432.

Ferri de Chambloi, en 1448.

Jean de Fenétrange, en 1467.

Le Comte de Salm étoit grand Maréchal de Lorraine & de Bar, en 1469.

Ferri de Savigny, Chevalier, étoit Maréchal de Lorraine, vers l'an 1483.

Ferri de Germiny, étoit Maréchal du Duc Antoine, en 1510. il fut tué à la Bataille d'Agnadel, contre les Vénitiens.

Claude d'Aguerre, Baron de Vienne, étoit Maréchal de Lorraine, en 1561.

N... d'Amblize, en 1569.

Jean Comte de Salm, Baron de Viviers & de Fenétrange, Gouverneur de Nancy, étoit Maréchal de Lorraine, en 1580.

Jean du Châtelet, Intendant des Pla-
ces du Baffigny, étoit Maréchal de Lorraine en 1594.

African d'Hauffonville, Chevalier,
Baron d'Ornes, Confeiller d'Etat &
Maréchal de Lorraine en 1594.

Jean III. du Châtelet, Grand-Maître de
l'Hôtel & des Finances du Duc Henri,
étoit Maréchal de Lorraine en 1605.

André de Maillane des Porcelets, en
1619.

Erard VII. du Châtelet, Grand-Maître
de l'Artillerie, Maréchal de Camp du
Duc Charles IV. étoit Maréchal de Lorraine en 1655.

Paul Défarmoifes, Chevalier, Seigneur
d'Aulnoy, étoit Maréchal de Lorraine,
en 1672.

Melchior Comte de Ligniville étoit
Maréchal de Lorraine & Barrois, en
1705.

Henri Hyacinthe Comte de Tornielle,

& Claude Guſtave Chrétien des Salles, Marquis de Bulgnéville, étoient Maréchaux de Lorraine & Barrois, en 1706.

Georges Marquis de Lamberty, Conſeiller d'Etat, Bailli de Nancy, étoit Maréchal de Lorraine & Barrois, en 1716.

N. de Baſſompierre, & Nicolas Joſeph Comte de Bouzey, étoient Maréchaux de Lorraine & Barrois, en 1719.

Nicolas François Comte de Chauvirey, étoit Maréchal de Lorraine & Barrois, en 1725.

Louis-Joſeph de Beauvau, Marquis de Noviant, Conſeiller d'Etat & Bailli d'Allemagne, étoit Maréchal de Lorraine & Barrois, en 1727.

Charles Comte de Raigecourt, Sénéchal héréditaire de l'Evêché de Metz, Grand-Veneur de Lorraine, étoit Maréchal de Lorraine & Barrois, en 1732.

Antoine-François Hermant Vogts,

Comte d'Hunolſtein, premier Ecuïer du Duc Léopold, étoit Máréchal de Lorraine, & Barrois, en 1739.

Maréchaux du Duché de Bar.

Robert Déſarmoiſes, Chevalier, étoit Maréchal du Barrois, ſous le Duc Robert, en 1382.

Colard Déſarmoiſes, en 1389.

Richard Déſarmoiſes, en 1397.

Ferri de Savigny, en 1441.

Jean VI. Comte Salm, Ambaſſadeur en France, étoit Maréchal du Barrois, en 1473.

Louis de Stainville, en 1513.

Jean VIII. Comte de Salm, en 1540.

Henry d'Anglure, Baron de Meley, en 1562.

Simon I. de Poüilly Comte de Louppy, étoit Maréchal du Barrois ſous le Duc Charles III.

Le Baron d'Hauſſonville, en 1588.

Jean Blaiſe de Mauleon, Chevalier, Capitaine des Gardes du Duc Charles III. étoit Sénéchal, & Maréchal du Barrois, en 1599.

Jean de Maillane des Porcelets, Chevalier, Conſeiller d'Etat, fut Maréchal du Barrois pour le Duc Henri, en 1618.

Erard VI. du Châtelet, Marquis de Trichâteau, étoit Sénéchal, & Maréchal du Barrois en 1615.

Simon II. de Pouilly, étoit Maréchal du Barrois, en 1626, ſous Charles IV.

Erard VIII. du Chatelet, Marquis de Trichâteau, Capitaine des Gardes de Charles IV. étoit Maréchal du Barrois, en 1672.

Sénéchaux du Duché De Lorraine.

Drogo, ou Dreux de Nancy, un des deſcendans d'Olderic, Frere de Gerard II. fut Sénéchal de Lorraine, ſous le Duc

Mathieu premier, en 1176. nos Histo-
riens croïent qu'il est la Souche de
l'illustre Maison de Lenoncourt.

Gerard de Nancy, le premier qui ait
pris le Nom de Lenoncourt, étoit en
1348, Sénéchal de Lorraine, pour le Duc
Jean qu'il suivit à la Bataille de Cassel.

Thieri II. de Lenoncourt, étoit Sénéchal de Lorraine, en 1380.

Jean I. d'Haussonville, en 1389.

Jean de Parroye, en 1395.

Jean II. d'Haussonville, en 1418.

Guillaume de Savigny, en 1420, sous
Charles II.

Jean de Ludres, en 1424.

Jean de Remicourt, ou Pellegrin, en
1425.

Jean de Lenoncourt, en 1426.

Vari d'Haroué, en 1430.

Jean III. d'Haussonville, en 1434.

Vari de Savigny, en 1443.

Gerard de Pulligny, en 1462.

Jean-Baptiste de Pontenez, en 1481.

Pierre de Beauvau, Baron de Manon-ville, en 1490.

Thomas de Paffenhoffe en 1497.

Louis de Stainville, en 1510. auparavant il étoit Gouverneur du Duc Antoine.

Louis Défarmoifes de Jaulny, en 15..

Ferri de Savigny, en 15..

Claude de Riviére, en 1523.

Jean IV. d'Hauffonville, en 1540.

En 1546, Aloffre de Beauvau de Manonville, Bailli de Bar, fut fait Sénéchal de Lorraine.

Pierre Baron du Châtelet, Gouverneur de Charles III. étoit Sénéchal de Lorraine, en 1548.

Olry, Baron du Châtelet, en 1569.

Claude de Reinach, en 1579.

Charles de Lenoncourt, en 15.. c'eft celui qui fut tué au Siége de Jametz.

Louis de Lifferas, en 1591.

Gerard le Bouthelier de Senlis, en 15..

Charles de Gournai, en 1624.

Louis Défarmoifes de Commercy, en 1647.

Pierre-Paul Maximilien du Hautoi, en 1729. c'eft le dernier qui ait eu cette charge.

Sénéchaux du Duché de Bar.

Aubert Défarmoifes, Chevalier, etoit Sénéchal, du Barrois, fous le Duc Robert, en 1399.

Gerard d'Haraucourt, en 1459.

Louis de Stainville, Echanfon de la Reine de France, Gouverneur du jeune Duc Antoine, étoit Sénéchal du Barrois, en 1501.

René II. de Beauvau, Baron de Manonville, Chambellan du Duc Antoine, fut fait Sénéchal du Barrois, en 1512.

Philbert du Châtelet, en 1425.

M

Jean de Savigny, en 1531,

René III. de Beauvau, en 1546.

Claude de Beauvau, en 1555.

Claude de Riviére, en 1569.

Gerard III. d'Haraucourt, en 15..

Gafpard de Ligniville, en 15..

Philbert II. du Châtelet, en 1592.

Jean Blaife de Mauleon, en 1597.

Simon II. de Pouilly, en 1610.

Jean de Beauvau, Marquis de Noviant, en 1626.

Philippe du Châtelet, en 1672.

Grands Maitres de l'Artillerie de Lorraine.

Simonin Défarmoifes étoit grand
Maitre de l'Artillerie, en 1473.

Bernardin de Lenoncourt, en 1536,
fous le Duc Antoine.

Louis II. de Lenoncourt, en 1544,
fous le Duc François.

Jean de Haranges, en 1539.

Jean de Ligniville, Comte de Tantonville, en 1552.

Jean III. de Ludres, en 1560.

Chriftophe de Ligniville, Comte de Tumejus, en 1571.

François Henri d'Haraucourt, en 15..

Antoine d'Haraucourt, en 1594.

Henri de Raigecourt, Comte de Bremoncourt, en 1617.

Bernard de Raigecourt, en 1635.

N. de Baffompierre, en 1636.

Erard du Châtelet, en 1655.

Charles-François-Philippe du Hautoi, en 1699.

Henri de Ludres en 1673.

Jean-Ignace de Clairon, Baron de Saffre & d'Hauffonville, fut fait grand maitre de l'Artillerie, en 1689.

Grands-Maîtres de l'Hôtel, & sur-Intendans des Finances.

Jean de Beauvau , Chevalier , Conseiller d'Etat , fut Grand-Maître de l'Hôtel & des Finances de Lorraine , en 15..

Georges de Savigny, en 15..

Chriſtophe II. de Baſſompierre, en 1570.

René de Florainville, en 1589.

Charles Emmanuel Comte de Tornielle, en 1590.

Jean III. du Châtelet , Marquis de Trichâteau, fut Grand-Maître de l'Hôtel, & Chef des Finances de Lorraine , en 1605.

Grands-Maîtres de la Maiſon des Ducs de Lorraine.

Lambirin d'Arches , Général des Armées du Duc Thibault premier, fut Grand-

Maitre de fa Maîfon , en 1213. On croit qu'il eft la Tige de la Maifon d'Ourches.

Jehan Blandin de Corcelles, en 1465, fous le Duc Jean II.

Le Batard de Calabre , en 1489, fous le Duc René II.

N... de Melay , en 1567.

En 1583 , Jean Comte de Salm, Maréchal de Lorraine, fut fait Grand-Maître de la Maifon du Duc Charles III. c'eft le fameux Comte de Salm qui tua en Duel Jean Déffalles Chevalier, & qui fut condamné à donner 10000 liv. Tournois, pour intérêts civils, à Marguerite du Hautoi fa Veuve.

Claude de Houffe , Baron de Vatronville , Général des Armées du Duc Charles III. étoit Grand-Maître de la Maifon de ce Prince , en 1588.

Le Maréchal François de Carlinfort , étoit Grand-Maître de la Maifon du Duc Léopold, en 1698.

Charles-François de Stainville, occupoit cette place, en 1712.

Grands Chambellans des Ducs de Lorraine.

Antoine de Tavagny, étoit grand Chambellan du Duc Charles III. en 14..

Jean-Louis, Comte de Naffau Sarbruck, fut fait Confeiller & grand Chambellan du Duc René II. en 1496.

René II. de Beauvau, en 1512.

Gerard d'Haraucourt, en 1522.

Antoine du Châtelet étoit Grand-Guidon, & Grand-Chambellan du Duc Antoine, en 1526.

Jean Comte de Salm, en 1529.

Claude de Frefneau, en 1532.

Jean d'Aguerre, Baron de Vienne, en 1540.

Nic. de Bildeftein, Colonel de 700. Lanfqueners pour le Service de France,

étoit Grand-Chambellan du Duc de Lorraine, en 1556.

Antoine du Châtelet, en 1575.

Paul Comte de Salm, Baron de Bran-
debourg, en 1596.

Erard de Livron, fut Chef des Finances, & Grand-Chambellan de Lorraine ,
en 1598.

Jean-Baptiste Gaston de Tornielle ,
Comte de Brionne, étoit Grand-Cham-
bellan de Lorraine, sous le Duc Charles
IV. en 16..

Jean Philippe de Ligniville, en 1604.
N. de Bourbonne, en 1607.

Charles-Joseph Comte de Tornielle ,
en 1622.

Erard de Lavaulx, Baron de Vrécourt,
en 1649.

Le Comte de Couvonge, en 1698.
Joseph Comte de Tornielle, Marquis
de Gerbéviller, Conseiller d'Etat, étoit

grand Chambellan de Lorraine, fous le Duc Léopold, en 1729.

Grands-Ecuyers de Lorraine.

Jean de Nancy, ou de Lenoncourt, Lieutenant général au Gouvernement du Duché de Lorraine, étoit Grand-Ecuyer du Duc Charles II. en 1425.

Humbert de Doncourt, en 1448.

Jean de Maulgiron, en 1472, fous le Duc Nicolas.

Gerard d'Aviller, en 1489, fous René II.

George de Valfrocourt, en 1510. Il fut tué à la Bataille d'Agnadel, en combattant aux côtés du Duc Antoine.

Jean de Savigny, Chevalier, Bailli de Nancy, étoit grand Ecuyer de Lorraine, en 1546.

François de Dommartin, en 15..

René de Fiquémont, en 1570, fous le Duc Charles III.

Henri de Beauvau, Baron de Manonville, Conseiller d'Etat du Duc Charles , & Grand-Ecuyer de Lorraine, en
1598.

Frederic Comte Sauvage du Rhin &
de Salm, étoit Grand-Ecuyer de Lorraine,
en 1594.

Louis-Charles de Mauleon de la Bas-
tide, en 1612, sous le Duc Henri.

Georges Affrican de Bassompierre, en
1630.

Anne-François de Bassompierre, Général de l'Artillerie de l'Empereur, &
Grand-Ecuyer de Lorraine, en 1646.

Jean de Mitry, Comte de Fauconcourt,
étoit grand Ecuyer de Lorraine, en
1658.

Charles Baron de Beauvau, Capitaine
des Gardes du Duc Charles V. étoit grand
Ecuyer de Lorraine, en 1670 .

Louis de Beauvau, Chevalier, Confeiller d'Etat & Grand-Ecuyer de Lorraine, en 16..

Le Marquis de Lenoncourt de Serre, Bailli d'Allemagne, étoit Grand-Ecuyer de Lorraine, en 1700.

Antoine de Lenoncourt, en 1705.

Marc de Beauvau, Marquis de Craon, Prince d'Empire, & grand d'Espagne, étoit Grand-Ecuyer de Lorraine, en 1737.

Ecuyers Tranchans de Lorraine.

Hardi de Tillon, Chevalier, étoit Ecuyer Tranchant, du Roi René, Duc de Bar, en 14..

Pierre Deffalles, Chevalier, étoit Chambellan & Ecuyer Tranchant du Duc René II. en 1488.

Le Comte de Chalant, étoit Ecuyer Tranchant de Lorraine en 1489.

N... le Baulle, en 1492.

Galliot de Lifferas, en 1510, fous le Duc Antoine.

Antoine de Chaharïay, en 1534.

Claude de Riviére, en 1569, fous le Duc Charles III.

Premiers Ecuyers de Lorraine.

Henri d'Amance, Chevalier, Grand-Maître de l'Hôtel du Duc Charles II. étoit premier Ecuyer de Lorraine, en 1392.

Jean V. de Ludres, Comte d'Affrique, Maréchal de Champ des Armées du Duc Charles IV. étoit premier Ecuyer de Lorraine, en 1640.

Philippe-Louis Duhan, Comte de Colmy, étoit premier Ecuyer du Duc Charles V. en 1690.

Jean-François-Paul Défarmoifes, premier Ecuyer de Lorraine, en 1708.

Charles de Pavano, Baron de Cécaty, Chambellan du Duc Léopold, étoit Ecuyer de Lorraine, en 1725.

Antoine François Herman de Vogts,

Comte d'Hunolſtein, Maréchal de Lorraine, étoit premier Ecuyer, en 1729.

Grands-Maitres de l'Hôtel des Ducs de Lorraine.

Henri d'Amance, Chevalier, premier
Ecuyer de Lorraine, ſous le Duc Charles
II. étoit Grand-Maître d'Hôtel en 1392.

Henri de Houſſe en 1429.

Jean de Tillon, en 14.. ſous le Duc
René I. d'Anjou.

Achilles de Beauvau, en 1476, ſous
René II.

Pierre de Bron, en 1484.

Hardi de Tillon, en 1505.

Jeannot de la Morelle, en 1510, ſous
le Duc Antoine.

Hardi II. de Tillon en 1533.

René de Beauvau, en 1540.

André de Maillanne Deſporcelets, en
1542.

Didier d'Ourches, en 1554, fous le Charles III.

Balthazard d'Hauffonville, en 1564.

Erard de Livron, en 1580.

N. de Bourbonne, en 1607.

René de Stainville, en 1630.

Charles de Mitry, en 1638.

Grands-Maitres de la Garde-Robe des Ducs de Lorraine.

Albert de Savigny, Chevalier, étoit Grand-Maître de la Garde-Robe du Duc Henri en 1609.

Charls-Jofeph Comte de Tornielle, en 1622.

Le Comte de Brionne, en 1699, fous le Duc Léopold.

Jean - François - Paul Défarmoifes, en 1708.

Jean-Baptifté, Comte de Lenoncourt-Blainville, étoit en 1728, Confeiller d'Etat & Grand-Maître de la Garde-Robe du Duc Léopold.

Grands Veneurs de Lorraine.

Claude d'Oriocourt, Chevalier, étoit grand Veneur de Lorraine en 1543.

Jean de Beaufort, en 1559.

Adam de Lavaulx, Baron de Vrécourt, Chambellan du Duc Charles III. étoit grand Veneur de Lorraine, fous le Duc Henri, en 16..

Daniel de Ligniville, en 1628, fous le Duc Charles IV.

François-Henri de Raigecourt, en 1664.

Charles Comte de Raigecourt, en 1680.

Louis-Philippe Duhan de Colmy, en 1709.

Grands-Louvetiers du Barrois.

Didier Défarmoifes, Chevalier, étoit Grand-Louvetier du Barrois, en 1490.

Guillaume Défarmoifes, en 1504.

Nicolas Défarmoifes, en 1523.

Didier-Urbain de Guerpont, en 1555.

Grands-Fauconniers de Lorraine.

Bernard de St. Vincent, Baron de Monthaffin, étoit grand Fauconnier de Lorraine, en 1540.

Charles de Mitry, en 1635.

Louis - Philippe Duhan de Colmy, en 1709.

Maréchaux Généraux des Logis des Ducs de Lorraine.

Henri de Parroye, Chevalier, étoit Maréchal général des Logis, fous le Duc René II. en 1469.

Eric de Lutzelbourg, en 1496.

François d'Haraucourt, en 1510.

Pierre de Savigny, en 1513, fous le Duc Antoine.

Erard I. de Lavaulx, en 1522.

Erard de Paffenhoffe, en 1550, fous le Duc François.

François de Tillon, en 1571, fous le Duc Charles III.

Pierre d'Hauffonville, en 1580.

Henri de Creuve, en 1602, fous le Duc Henri.

Erneft de Vilfperg, en 1618.

Paul-Henri de Galian, en 1629, fous le Duc Charles IV.

Pierre d'Elftouf, en 1645.

Gouverneurs & Baillis de Nancy.

Thieri de Nancy de Lenoncourt, étoit Bailli de Nancy, fous le Duc Ferri, en 1261.

Liébald ou Liébaut du Châtelet, en 1392.

Collignon de Ludres, en 1408.

Ferri de Parroye, en 1431.

Jacques d'Haraucourt, en 1471.

Le Duc de Bourgogne ayant pris Nancy, en 1476, nomma pour Bailli, & Gouverneur

Gouverneur de cette Capitale, Jean de Rubempré ou de Biévre, Gentilhomme de fa fuite.

Jean de Wiffe, Chevalier, Confeiller d'Etat, & Chambellan du Duc René II. étoit en 1476, Gouverneur & Bailli de Nancy.

Jean de Germiny, en 1492.

Erard d'Haraucourt, en 1493.

Gafpard d'Hauffonville, en 1510.

Gerard d'Haraucourt, en 1549.

Olry de Wiffe, en 1540.

Pierre du Châtelet, en 1542.

Claude de Lenoncourt, en 1543. Il fut tué devant Thionville.

Jean de Savigny, Grand-Ecuyer de Lorraine, étoit Bailli de Nancy, en 1546.

Guillaume de Savigny, en 1551,

Nicolas de Lutzelbourg, en 1553.

Adam, Baron de Palan, en 1560.

Balthazard d'Hauffonville, en 1564.

N

Philippe Othon Comte de Salm, en
15..

Antoine du Châtelet, en 1567.

Christophe de Failly, en 1574.

Renauld de Gournay, en 1596.

Jean Comte de Salm, Baron de Féné-
trange, en 1594.

Charles de Gournai, en 1605.

Elisée d'Haraucourt fut Bailli &
Gouverneur de Nancy, en 1610, ou en
1612, sous Henri Successeur de Charles
III. Nous avons de lui des Mémoires
manuscrits, sur l'Histoire de son tems.

Paul d'Haraucourt, Bailli de Nancy,
en 1629.

Le Marquis de Moüy, en 1633, sous
Charles IV.

Le Comte de Brassac étoit Gouverneur & Bailli de Nancy pour Louis XIII.
en 1634.

Ferri de Ligniville, Conseiller d'Etat,
étoit Bailli de Nancy, en 1641.

Le Marquis de Gerbéviller en 1665.

Georges de Lamberty, en 1696.

Le Marquis du Châtelet, en 1700.

Chriſtophe de Cuſtine, Comte de Ponrigny, Conſeiller d'Etat, Colonel des Gardes du Duc Léopold, étoit Gouverneur de Nancy, en 1733 ; il en a été fait Bailly, en 1751.

Gouverneurs & Baillis de Bar.

Wary de Thomaſſin, Chevalier, étoit Bailli de Bar, en 1292.

Nicolas-Jean d'Ourches, en 1333.

Gerard de Fains, en 1404.

Huſſon de Fains, en 1416.

Georges de Nettancourt, en 1425.

Philbert de Doncourt, en 1429.

Louis de Florainville, en 1474.

Philbert de Stainville, en 1477.

Antoine de Stainville en 1487.

Antoine II. de Stainville, en 1506.

Jean d'Anneville, en 15..

Jacques Blandin, en 1520.

Jean d'Aviller, en 1525.

Aloffre de Beauvau, en 1540.

René de Florainville, en 1594.

Nicolas de Glefneuve, en 1610.

Antoine de Stainville, en 1627.

N. de Montalant fut fait Gouverneur de Bar, pour Louïs XIII, en 1633.

N. Défarmoifes, Chevalier, étoit Gouverneur de Bar pour le Duc Charles IV, en 1641.

N. de St. Laurent, fut nommé Commandant à Bar, pour Louis XIV, en 1650.

N. de la Chapelle lui fuccéda, en 1651.

N. de Beaulieu étoit Gouverneur de Bar pour le Duc Charles IV, en 1658.

Le Comte de Couvonge, grand Chambellan, étoit Bailli de Bar, en 1699.

Jean-François Baron de Stainville, Confeiller d'Etat, Capitaine des Gardes

du Duc Léopold, étoit Bailli de Bar,
en 17..

Charles Juste Prince de Beauvau,
Grand-d'Espagne de la premiére Classe,
Chevalier des Ordres du Roi, Lieutenant général de ses Armées, Grand-
Maître de la Maison du Roi de Pologne,
a été fait Gouverneur & Bailli de Bar,
en 1751.

Baillis de Vosges.

Guyot de Hamel fut Bailli de Vosges,
en 1367.

Gui de Haroin, ou de Haroüé, en
1371.

Jean de Fléville, en 1392.

Jean de Wisse, en 1400.

Henri de Gerbéviller, en 1402.

Vari II. de Fléville, en 1415.

Philippe de Lenoncourt, en 1441.

Jacques de Savigny, en 1462.

Collignon de Ville, en 1466.

Gerard de Ligniville, en 1472.

Philippe de Frénel, en 1494,

Henri de Ligniville, en 1497.

Collignon II. de Ville, en 1506.

Erard de Dommartin, en 1522.

Philippe de Raigecourt, en 1533.

François de Baſſompierre, en 1539.

Antoine de Ville, en 1540.

Claude-Antoine de Baſſompierre, en 15..

Jacques II. de Ligniville, en 1573.

Claude de Reinach, en 1577.

Jean d'Hauſſonville, en 1590.

Jean-Philippe de Savigny, en 1594.

Jean de Marcoſſey, en 1605.

Georges Affrican de Baſſompierre, en 1640.

Anne-François de Baſſompierre, en 1646.

Gaſton-Jean-Baptiſte Marquis de Baſſompierre, en 1660.

N. de Stainville, Capitaine des Gardes du Duc Léopold, étoit Bailli des Vosges, en 1699.

Le Marquis de Lenoncourt de Serre, en 1700.

Jean-Georges de Kœnigl, Chambellan du Duc François III. étoit Bailli de Vosges, en 1733.

Baillis d'Allemagne.

Jean de Wisse, Chevalier, étoit Bailli d'Allemagne, en 1392.

Jean de Fléville, en 1429.

Vari III. de Fléville, en 1432.

Jean II. de Wisse, en 1472.

Jean Comte de Salm, en 1495.

Henri, Comte de Salm, en 1505.

Jacob, ou Jacques d'Haraucourt, en 1520.

Philippe de Dun, en 1546.

Philippe de Raigecourt, en 1594.

Chriftophe Baron de Créange , en 1610.

Pierre Erneft Baron de Créange , en 1626.

Pierre de Carelle, en 1633.

Louis-Jofeph de Beauvau , Marquis de Noviant , Maréchal de Lorraine & Barrois , étoit Bailli d'Allemagne , en 1727.

Sylveftre Marquis de Spada , Chevalier d'honneur de Madame la Ducheffe de Lorraine, étoit Bailli d'Allemagne , en 1737.

Baillis & Gouverneurs du Baffigny.

Nicolas-Jean d'Ourches, Chevalier , étoit Bailli du Baffigny, en 1332.

Jean de St. Loup, en 1418.

Jean I. de Serocourt, en 1479.

Renaud du Châtelet, en 15..

Jean III. de Serocourt , en 1522.

Philbert I. du Châtelet, en 1525.

Humbert de Doncourt, en 1540.

Philbert II. du Châtelet, en 1580.

Daniel de Gournai, en 1595. Trois ans après, il fut tué en duel d'un coup de Piftolet, par le fieur de Romain Gouverneur de la Mothe.

Jean de Beauvau, Marquis de Noviant, Sénéchal du Barrois, étoit en 1612, Bailli du Baffigny.

Antoine I. de Choifeul, en 1616.

Antoine II. de Choifeul, en 1633.

Jean de l'Efcamouffier, en 1647.

Jean de Mitry, Comte de Fauconcourt, en 1658.

Charles-Henri de Lavaulx Baron de Vrécourt, en 1663.

Jean de Gournai, en 16..

Le Marquis de Beauvau, Capitaine des Gardes du Duc Léopold, étoit Bailli & Gouverneur du Baffigny, en 1699.

Philippe de Mitry, en 1709.

Le Comte du Hautoy, en 1736.

Baillis & Gouverneurs de Clermont & du Clermontois.

Geofroi I. de Ville, Chevalier, étoit en 1420, Bailli de Clermont pour le Duc René I. d'Anjou.

Jean de Saulx, en 1436.

Geofroi II. de Ville, en 1449, fous le Duc Nicolas.

Thieri Défarmoifes, en 1474.

Bon de Réceicourt, en 1484, fous René II.

Gerard d'Haraucourt, en 1485,

Philippe de Lenoncourt, en 1486.

Jean Bâtard de Vaudémont, en 1489.

Vaultrin de Nettancourt, en 1496.

Jacques Défarmoifes, en 1500.

René de Florainville, en 1508.

Robert de Florainville, en 1517.

Claude de Frefneau, en 1532.

Jean d'Aguerre, en 1540.

Vary de Savigny, en 1546.

Jean de Rofiéres, en 15..

Jean II. de Saulx, en 1568.

Jean-Philippe de Frénel, en 1602.

Sénéchaux de la Mothe & de Bourmont, Gouverneurs de la Ville & du Château de la Mothe.

Henry Daulxy, Chevalier, étoit pour le Duc René II. Sénéchal & Gouverneur des Villes de la Mothe & de Bourmont, en 1499.

Didier de Bégueft, en 1509, fous le Duc Antoine.

Odet de Roüillac, Gentilhomme du Duc René II. fut pour le Duc Antoine, Gouverneur de la Mothe, en 1512.

Jean de Lavaulx, Baron de Vrécourt, Chambellan du Duc Charles III. étoit en 1567, Gouverneur de la Citadelle de la Mothe.

René d'Anglure, en 1580.

N. de Ligniville, en 15..

Richard de Serocourt, en 16..

Antoine I. de Choiseul, Baron d'Iche, en 1616.

Antoine II. de Choiseul Gentilhomme du Duc Henri, étoit Gouverneur de la Mothe en 1604, il fut tué en la deffendant vaillament. Ce fut lui qui voyant que les Afliégans refufoient le Combat, envoya au pied des Murailles, un Tambour & un Hautbois, pour les inviter à danfer, puifqu'ils ne vouloient pas fe battre.

Gouverneurs & Baillis de Neuf-Château.

En 1369, Aubert de Lorraine, Fils naturel de Ferri IV. Duc de Lorraine, étoit Bailli & Châtelain de Neuf-Château.

Vari de Laval , Chevalier , Seigneur de Lavaulx , de Marville & d'Othe , Chevalier de l'Ordre du Croiffant , étoit en 1440, Gouverneur de Neuf-Château, fous le Duc René I. d'Anjou.

François de Laval , Chevalier, Seigueur de Lavaulx , Échanfon de Louis XI. & Capitaine de fes Gendarmes , en 1454, étoit en 1458 , Gouverneur de Neuf-Château.

Achilles de Beauvau , Grand - Maître d'Hôtel du Duc René II. étoit Gouverneur de Neuf-Château , en 1496.

Jacques de Germiny , en 1497.

François de Mauleon , en 15..

Jean de Stainville , en 15..

Lionet de Stainville , en 1534.

Antoine Dangy , en 1587.

Philippe Déffalles , en 16..

Charles Guftave Marquis Déffalles , en 1751.

En 1760 , Charles Guftave Comte

Déssalles, Brigadier & Maréchal de Camp, a été fait Bailli & Gouverneur de Neuf-Château, en 1760.

Balilis & Gouverneurs de S. Mihiel.

Pierson Brodier , Chevalier , étoit Bailli de St. Mihiel , en 1250.

Acelin de Bouconville , en 1266.

Collignon de Kœurs , en 1281.

Thirion de Saucy , en 1315.

Gerard de Bar , en 1331.

Berthemin de Noroy , en 1371.

Geofroi Bourguin , en 1379.

George de Sivry , en 1384.

Georges de Serriéres , en 1400.

Jean Désarmoises , en 1407.

Vanchelin de Tour , en 1418.

Jean d'Haraucourt , en 1426.

Thieri d'Autel , en 1430.

Colard II. Désarmoises , en 1435.

Jean de Malberg , en 1437.

Guillaume Dangy , en 1457.

Colard III. Défarmoifes, en 1464.

Didier de Landre, en 1475.

Simon Défarmoifes, en 1476.

Simonin Défarmoifes, en 1489.

Gerard d'Aviller, en 1494.

Bernardin de Lenoncourt, en 1526.

Jacques du Châtelet, en 15..

René de Beauvau, en 1541.

Claude de Riviére, en 1543.

Perrin de Vatronville, en 1569.

Jean III. de Lenoncourt, en 1570.

Loüis-Jean de Lenoncourt, en 1592.

Theodore de Lenoncourt, en 1598.

Charles I. de Lenoncourt, en 16..

Charles II. de Lenoncour, en 1629.

Maximilien de Choifeul de Meufe, en 16..

Erard VIII. du Châtelet, en 1672.

Charles de Raigecourt, en 1729.

Le Comte de Vidampierre, en 1736.

Gouverneurs & Baillis de Vaudémont.

Thomas de Paffenhoffe, Chevalier, Sénéchal de Lorraine, étoit Bailli du Comté de Vaudémont, en 1464.

Thomas de la Rappe, en 1471.

Louis Défarmoifes, en 1535,

Erard de Paffenhoffe, en 1540.

Jean de Juffy, en 15..

François II. de Tavagny, en 1580.

Charles de Serocourt, en 1586.

Jean de Cuftine, en 1594.

François III. de Tavagny, en 1600.

Charles de Ligniville, en 16..

Ignace Comte de Gournay, en 1732.

Vû, permis d'Imprimer. A Nancy, ce cinq Mars 1763. DURIVAL.

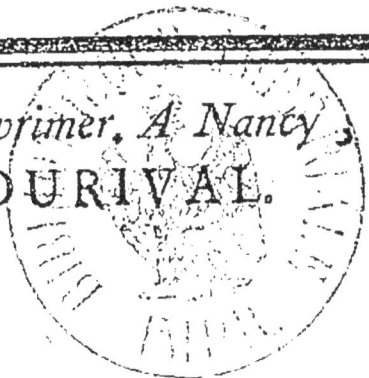